Le But c'est la Vie

Table des matières

Avant-propos

Avertissement :

Bien qu'inspiré par la réalité contemporaine, toute ressemblance particulière avec des personnes réelles ou fictives sont de pures coïncidences.

Lorsque les pères s'habituent à laisser faire les enfants, lorsque les fils ne tiennent plus compte de leur parole, lorsque les maîtres tremblent devant leurs élèves et préfèrent les flatter, lorsque finalement les jeunes méprisent les lois parce qu'ils ne reconnaissent plus au-dessus d'eux l'autorité de rien ni de personne, alors c'est là en toute beauté et toute jeunesse le début de la tyrannie.

[Platon - La République]

Remerciements :

Merci tout d'abord à Magali, qui a tant participé à cet ouvrage, dès sa genèse et tout au long de sa rédaction. Ma gratitude à Xavier et Muriel, qui avec le soin qui les caractérise, ont permis d'améliorer et de corriger le manuscrit.

Merci aussi à tous les autres, je ne peux pas tous les citer ici, ayant de près ou de loin apporté leur concours à cette œuvre.

Enfin, ce livre n'aurait jamais vu le jour sans l'amour et la patience au quotidien de ma compagne Sylvie : Je t'aime.

Personnages

Relations entre les personnages principaux

Couple de Résistants

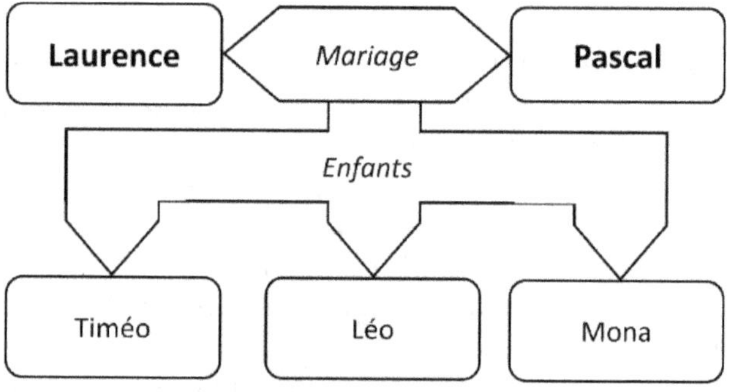

Couple intégré au système

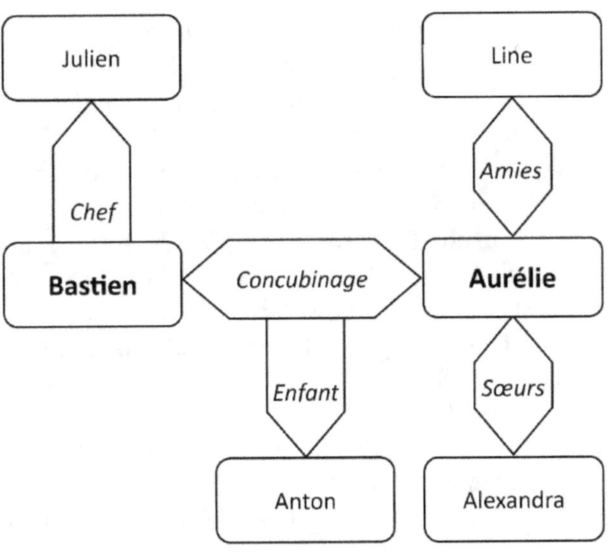

Liste des personnages :

- Alexandra (alias Kassandra). Femme de 32 ans. Sœur d'Aurélie. Mariée à Karim.
- Alice. Collègue de travail de Bastien.
- Alphonsine. Organisatrice des réunions de la Résistance.
- Anton. Garçon de 8 ans. Enfant d'Aurélie et Bastien. Copain de classe de Léo.
- **Aurélie** Da Silva. Femme de 35 ans. Compagne de Bastien. Ouvrière au contrôle qualité d'une usine fabriquant de l'électroménager.
- **Bastien** Lepetit. Homme de 28 ans. Compagnon d'Aurélie. Cadre d'une entreprise d'un grand groupe.
- Carlos. Paysagiste-Architecte sous-traitant des chantiers à l'entreprise de Pascal.
- Corinne Mexirier. Participante aux réunions de la Résistance.
- Cyril. Collègue de travail de Bastien.
- Eddy. Ouvrier de Pascal.
- Élias Tréboua. En couple avec Leila Tierbassa. Leader de la 4ème Voie en Magésie, puis Délégué Général du Peuple (assez de voisin de Président de la République en France).
- Firmino. Collègue de travail de Bastien.
- Inès. Jeune fille de 16 ans. Enfant d'Élias et Leila.
- Julien. La cinquantaine. Collègue de travail de Bastien.
- Karim. Mari d'Alexandra.
- **Laurence** Tourneur, née Pinson. Femme de 38 ans. Mariée avec Pascal. Employée de mairie au service de l'habitat.
- Leila Tierbassa. En couple avec Élias Tréboua. Leader de la 4ème Voie en Magésie.

- Léo. Garçon de 8 ans et demi. Enfant de Laurence et Pascal. Copain de classe d'Anton.
- Line. Amie d'enfance de Laurence. A deux enfants : Aurore de 5 ans et demi et Sandy pré-adolescent.
- Momo. Homme. Auxiliaire d'Ulysse 34.
- Mona. Fille de 6 ans. Enfant de Laurence et Pascal.
- **Pascal** Tourneur. Homme de 37 ans. Marié avec Laurence. Entrepreneur dans la construction bois.
- Rayan. Garçon de 10 ans. Enfant d'Élias et Leila.
- Sylvie. Collègue de Laurence.
- Timéo. Garçon de 12 ans. Enfant de Laurence et Pascal. Entre au collège.
- Ulysse 34. Un "Liveur" connu dans les milieux de la Résistance.

1 – À l'école

Pascal était en retard. Un entrepreneur avait tant de choses à faire et à se préoccuper. Ses pensées en cet fin d'après-midi étaient toutefois ailleurs. Il voyait bien le chaos se répandre dans la société. Et cela ne cessait de le préoccuper. Pas tant pour lui, mais pour ses trois enfants. Il s'interrogeait sur la façon d'échapper à la trajectoire décadente actuelle. Mais plus encore, il se demandait comment impulser une spirale vertueuse, et surtout vers quel but ?

Il ne pouvait pas imaginer la vitalité humaine, aujourd'hui altérée et niée, ne pas s'exprimer d'une manière renouvelée.

Il arrivait enfin à l'école primaire.

Toc toc.

…

Toc toc toc.

…

— Oui entrez, entrez s'exclama la directrice de l'école qui présidait la réunion des parents des élèves de la classe de CE2.

— Excusez-moi, je suis Pascal Tourneur, le père du petit Léo, je suis en retard car un client m'a retenu sur le …

— D'accord, d'accord, asseyez-vous et reprenons, coupa la directrice, et maîtresse en charge des CE2, *où en étions-nous déjà ?*

Oui, je vous parlais donc de la coopérative scolaire et des documents à fournir…

Pendant que l'institutrice continuait sa présentation, Pascal s'asseyait le plus discrètement qu'il le pouvait. Cette réunion de rentrée, il en connaissait d'ailleurs la teneur, car il y assistait quasiment tous les ans depuis que son fils aîné Timéo, maintenant au collège, fréquentait l'école communale d'Ermeville-sur-Conon.

... pour ce qui concerne la tenue des cahiers ...

Toutefois, c'était une nouvelle enseignante pour Léo, et lui-même n'avait jusqu'ici jamais eu à faire à elle, alors il essaya d'être attentif malgré tout.

... afin d'évaluer le travail de vos enfants, j'utilise des ... continuait la maîtresse.

À deux places de Pascal, était assise Aurélie. Belle femme de trente-cinq ans, elle avait déjà eu l'occasion de croiser Pascal lors d'autres réunions du même genre les années précédentes. Sans le remarquer plus que cela. Mais aujourd'hui il venait de faire une entrée notable. Et malgré ses efforts, il n'était passé inaperçu pour personne dans l'assistance.

D'autant moins lorsque son portable se mit à retentir, suscitant des regards noirs, provoquant sa précipitation pour le réduire au silence !

Aurélie était là pour son fils de huit ans : Anton. Fruit de sa conquête du fringant jeune homme qu'était Bastien à cette époque. L'élan de vigueur de Bastien ne tardait pas pourtant à se tourner en direction de son travail et de sa carrière. Une direction de plus en plus exclusive. Autant dire qu'Aurélie n'attendait aucun investissement éducatif de sa part. C'était plutôt atypique d'ailleurs, car d'après lui la plupart de ses collègues masculins au travail tenaient à s'impliquer dans l'éducation et l'instruction de leurs progénitures. Bon, elle avait choisi sa jeunesse et sa vivacité, avec leurs bons et leurs moins bons côtés.

... les devoirs du lundi soir sont les plus légers possibles ...

Pascal était inquiet. Perturbé. Il ne parvenait pas à suivre l'exposé de la directrice avec attention.

... Au sujet de l'emploi du temps maintenant ... continuait-elle de dérouler.

Il attendait le moment des questions plus ouvertes, en particulier la présentation des "projets pédagogiques" et surtout le point portant sur les "Intervenants extérieurs". Il suivait depuis plusieurs années les médias alternatifs sur Internet, sur Telegram. D'ailleurs, il ne consultait presque jamais maintenant les "médias du système" comme il les appelle (TV, radios ou journaux). Ces derniers mois, ceux-ci évoquaient régulièrement l'intervention dans les écoles primaires d'associations militantes transsexuelles. Il voulait en avoir le cœur net.

Pour lui, il n'était pas question de laisser influencer de petits enfants de huit ans avec de la propagande transformiste ou autre identité de genre. Pas ses enfants. Pas à l'école. Comment pourraient-ils assimiler ces sujets tandis que leur esprit critique n'était pas encore développé, ni leur corps sexuellement mature ?

La maîtresse atteignait enfin la fin de son exposé.
— *Pour terminer, en ce qui concerne les "projets pédagogiques", nous avons prévu trois sorties. Une par trimestre. Lors de la première, la municipalité organise aux alentours de Noël un parcours ludique et éducatif*

dans la forêt de notre commune. Notre école s'est engagée à s'associer à ce projet de découverte de la nature. Les parents sont également conviés à participer à cette journée.

Au deuxième trimestre, nous rendrons visite à un agriculteur, à un éleveur plus précisément. Nous visiterons sa ferme, ferons connaissance avec ses animaux et il nous présentera son activité.

Finalement, au dernier trimestre, nous visiterons le quartier Colbert de notre métropole. La Mairie organise régulièrement des visites guidées pour les élèves de différents âges.

Voilà. Avez-vous des questions ?

N'y tenant plus, Pascal sauta à pieds joints dans le vif du sujet le préoccupant :

— *Est-il vrai que des associations LGBT, militantes, pourraient faire des présentations aux enfants du CE2 cette année dans notre école ?*

À ces mots, la directrice change de couleur, son regard devient tout à coup incisif, sa bouche se tord lorsqu'elle répond par une question à la question posée :

— *Ne seriez-vous pas transphobe ou LGBTphobe par hasard ?*

— *Non, madame* répliqua Pascal, *je ne suis pas malade. Votre emploi du suffixe phobie tendrait à me considérer comme affecté par je ne sais quel désordre mental ou psychologique. Décrédibiliser l'interlocuteur est une vielle astuce rhétorique, aussi, je vous prie de bien vouloir répondre plutôt à ma question.*

Elle se rembrunit, pris un ton plus solennel en affirmant :

— *Ces termes sont ceux employés par le Ministère. Je vais vous lire d'ailleurs les consignes gouvernementales,* attendez que je les retrouve, ha voilà :

*"L'école doit être aujourd'hui le premier lieu de **sensibilisation** et de **prévention des LGBTphobies**. La lutte contre l'homophobie et la transphobie est inscrite dans les **programmes scolaires**.*

*L'objectif est de lutter contre les LGBTphobies, mais également de promouvoir une **éducation inclusive**, où les personnels et les élèves LGBT+ sont pleinement pris en compte."*

— Vous vous réfugiez derrière des textes, des abstractions, résultats d'une propagande savamment orchestrée. Pourtant, l'emploi même de ces termes comme "phobies" dénote bien le caractère propagandiste, idéologique de ces textes. Tout cela ne change pas le réel. La réalité de l'humanité. De son appartenance à l'arbre de la vie, à son inscription dans le règne animal et dans la reproduction sexuée. Toutes choses, non pas idéologiques, mais prouvées scientifiquement, elles !

Toutes ces circulaires gouvernementales ne vous exonèrent pas de vos responsabilités d'être humain, de femme, quand bien même vous êtes une fonctionnaire.

Aussi, je vous repose une troisième fois ma question : Des associations trans ou autres vont-elles faire la promotion de leurs transgressions à nos enfants cette année dans cette école ?

Aurélie et les autres parents ne perdaient rien de cet échange. Tous étaient un peu sidérés. Elle, jusqu'ici, suivait la tendance dominante à la tolérance envers les sexualités dites "alternatives". Là, elle était bousculée dans ses habitudes de pensée. Elle était sensible au raisonnement de Pascal. Pas convaincue, mais indubitablement le sens de la vie ne pouvait pas être idéologique, mais fatalement concret, et éventuellement spirituel.

La directrice sortit de sa torpeur aux stimuli émis par la mère d'un élève qui lui demandait elle aussi de répondre à la question, car pour elle il n'était pas question pour ses enfants de suivre l'éducation promue par ces "dépravés" multicolores.

*— Oui, l'intervention de l'association **"Pédouverture"** est bien programmée pour le mois de novembre dans notre établissement.*

Oooooh monta de l'assemblée.

Plusieurs parents protestèrent contre cette initiative, quelques autres les insultaient en les qualifiant de rétrogrades, de réactionnaires ou d'extrême-droite.

Une femme se leva.
— Je me présente. Je suis madame El Barki. Je vous le dis directement mon fils n'assistera jamais à cela. Hors de question.

Sur ce, elle tourna les talons et sortit de la salle. La confusion gagnant l'assemblée, la plupart des parents lui emboîtèrent bientôt le pas.
Pascal et Aurélie furent les derniers à quitter les lieux.

2 – Retour du boulot

Laurence était contente de quitter la mairie après une journée encore bien pénible, et pas seulement à cause de la chaleur écrasante. Elle allait se boire une bonne bière en rentrant. Voire se faire un "petit jacouz".

Elle pouvait rentrer direct, car Laurent se chargeait d'aller à la réunion de rentrée à l'école pour leur fils Léo. Ah oui, elle ne devait pas oublier de faire quelques commissions avant de rentrer (du pain et des fruits surtout). Ce sera vite fait. Mona faisait déjà une petite sieste sur son siège à l'arrière. Tout baigne.

Ras-le-bol de supporter les cassos toute la journée, alors une réunion avec eux en plus le soir : Basta ! Bon débarras.

Elle l'aimait bien au début son travail. Aider les gens, faire du social, faire du "service public ", c'était vraiment une activité qui lui tenait à cœur. Sans se prendre pour mère Thérèsa, mais tout de même. Faire que la vie soit plus douce, rendre service à la société, à la République, à son prochain, oui cela lui plaisait. Faire du bien, faire le bien. Bon, bon, n'exagérons pas, le statut de fonctionnaire était aussi intéressant, ne serait-ce que pour la garantie de l'emploi.

Que d'illusions perdues ! Au service du logement, elle en avait vu des passe-droits, des prébendes, des "pas de vagues".

Cela avait commencé à la révolter il y a bien longtemps maintenant, lorsque l'attribution d'un logement social avait été demandé par un ouvrier maçon portugais qu'elle connaissait un peu. Il vivait dans deux chambres de bonnes raccordées, avec sa femme et ses deux enfants. Sans douche et avec les sanitaires sur le palier, cela va de soi. C'était un travailleur. D'ailleurs, c'est l'un des arguments qu'avait utilisé la personne bien habillée qui l'accompagnait lorsque le maire l'avait reçu lors d'un rendez-vous "Rencontre avec votre maire". Entretien personnel à fréquence quinzomadaire, que l'élu organisait avec les administrés en faisant la demande.

Le maire avait écouté avec empathie cette demande et accueilli avec bienveillance la plaidoirie de ces visiteurs. Il avait demandé à Laurence de lui apporter le dossier pour cette entrevue. Que de sourires, de regards tendres et de confiance au cours de celle-ci. Autant-dire que le binôme formé par le maçon et son accompagnateur, plus instruit, en sortit confiant.

Hélas, pour eux, ce qui se passa après ne tourna pas en leur faveur. Le maire voulu absolument prioriser d'autres familles du quartier des "Genêts". Parce que celles-là posaient plein de problèmes. A tel point qu'il ne comptait plus depuis longtemps les rapports émis par la police municipale à leur sujet. Il se disait même que l'assassinat de Petit Marcel, retrouvé poignardé dans l'étang en bas du quartier des "Genêts"…
Alors, pour casser le "ghetto" comme il disait, le maire a préféré installer une partie de ces "familles à problèmes" dans le nouvel ensemble de petits immeubles d'Ermeville-sur-Conon.

Une prime aux mauvais comportements, voire à la délinquance, en quelque sorte. Et puis avec les Portugais, on n'a pas de problème alors pourquoi s'en occuper, n'est-ce pas ?

Après, il y en avait eu tant d'autres, comme les loyers, factures d'eau, de gaz, d'électricité prise en charge par la mairie, par la collectivité donc ; par craintes des représailles. Il y avait aussi les fils et filles des amis, pour lesquels le dossier d'attribution d'un logement se trouvait propulsé en haut de la pile comme par miracle.

Alors le maçon portugais, sa femme qui faisait des ménages, et leurs deux enfants dans leurs chambres de bonnes, ils pouvaient toujours attendre.

C'est cela qui avait fini par la révolter. Ceux qui ne respectaient pas les règles, qui utilisaient les moyens parallèles étaient gagnants, et cela, au détriment du reste de la population qui, elle, suivait les lois de la République.

Du dégoût. Voilà ce qu'elle éprouvait maintenant en allant travailler le matin.

Son arrivée à la maison la faisait sortir de ces réflexions maintes fois retournées dans sa tête. Elle quittait ce tunnel en relativisant ses raisonnements noirs par les actions positives et utiles auxquelles son travail lui avait aussi permis de participer.

Avant de descendre, elle ne put s'empêcher de jeter un œil pour se vérifier en tournant le rétroviseur. Ça allait. Ses boucles brunes tenaient et on ne voyait pas trop encore les quelques racines blanches. Laurence secoua la tête en pensant qu'il était bien temps de faire la coquette alors qu'elle rentrait à la maison.

Allez, descendre Mona et les courses. Pour le dîner, on verra après.

— *Bonsoir, M'an* lança Timéo occupé à tuer des aliens sur sa console.
— *Bonsoir mon cœur. Ça a été ta journée ?*
— *... Oui, oui.*

Laurence n'insista pas. Elle "rangea" Mona jouer dans sa chambre et "envoya" vite fait les fruits et le pain à leurs places. Il était temps de s'engouffrer dans le canap' pour y siroter une bière bien fraîche.

Pascal n'était pas rentré de la réunion. Léo était aussi à l'école, une garderie exceptionnelle était prévue les soirs de réunions de parents d'élèves. Cela lui laissait le temps d'en prendre cinq comme elle disait (cinq minutes, pas cinq bières !).

Avec Pascal ils étaient sur la même longueur d'onde. Heureusement. Avec cette mascarade du Covid cela aurait claché sinon. Pas comme avec la plupart de ses amis et de sa famille. Complétement lobotomisés par la psychose organisée par l'oligarchie pour nous soumettre. Gouverner, suggérer par la peur et la division. C'est pour votre sécurité, pour votre santé, pour l'écologie, et bla bla bla et bla bla bla.

À tous ceux qui lui ont tourné le dos, à sa famille, à ses amis, elle a maintenant envie de s'adresser à eux. Pour leur exprimer son amour, proche ou plus lointain. Pour leur demander si elle peut encore les appeler amis ? Pour savoir pourquoi ils ne se sont pas parlé, ne se sont pas rapprochés, ni moins encore, serré les coudes face à la crise ?

Avez-vous perdu tout esprit critique pour avaler, pour gober, ce qu'il ne peut être appelé autrement que de la propagande ? Pire, pour accepter sans sourciller les mensonges du "nous sommes en guerre" et autres pseudo-vaccins qui n'empêchent ni la contamination ni la transmission ! Accepter l'abandon des personnes âgées, leur liquidation par la recommandation d'usage du **Rivotril**, l'impossibilité de dire adieu comme il convient à ses parents décédés.

Plus, car pire n'est pas le mot, de consentir à vous faire injecter des produits expérimentaux. À vous, aux femmes enceintes, aux jeunes, aux enfants qui n'en avaient nullement besoin. Pourquoi ?

Parce que la science le disait ? Non. La Médecine est une pratique, pas une science. La Science, elle, travaille sur le temps long, pas à court terme. Mais ce n'est pas le cas des industriels. Cela vous a-t-il échappé ?

Pourquoi les gouvernants ont-ils interdit aux médecins de soigner ? De quel droit ?

Les effets secondaires biens réels, hier comme aujourd'hui, comme les perturbations des règles des femmes, existent, bon sang ! Aujourd'hui des jeunes femmes ont des cancers à cause de cela ! Mais personne n'en parle. L'omerta. La honte de la lâcheté face aux destructions de nos libertés.

En fait, le déni de la vérité est plus confortable. Plus tenable.

Comment être encore amis dans ces conditions ?

Le silence. Pas d'amour ou d'amitié sans dialogue.

Pas de parole. Pas d'écoute.

Ne pas écouter cette multitude de lanceurs d'alerte : Médecins, scientifiques, politiques, citoyens, dans tous les pays, autorise l'exonération. L'irresponsabilité. En commençant par celle de nos dirigeants corrompus.

Ne pas écouter les cas d'effets secondaires des injections proches de vous, peut-être même les tiens, mon ami. État de choc, avortement, crise cardiaque, AVC, la liste est longue lorsque l'on fait la démarche d'écouter les sources d'informations alternatives. Complotistes comme ils les étiquettent, pour prévenir l'écoute.

Accepter tout cela pour garder son travail, est à la rigueur compréhensible. Mais pour aller en vacances ou boire un verre ne l'est pas.

Des courageux, il y en a eu. En France et ailleurs. Les personnels en milieu médical, suspendus car refusant l'injection expérimentale, puisqu'aucune autre alternative n'existait. Souvent, ce furent les gens les plus modestes qui attestèrent le plus de leur attachement à la Liberté, mais aussi à l'Égalité et à la Fraternité, au prix de la perte de leur boulot. Un niveau d'instruction plus élevé serait-il désormais devenu un marqueur d'une soumission plus grande ?

Honneur à ces Résistants. Je suis une d'entre eux.

Alors demain, forts de votre suggestion, ils recommenceront sans doute. Par la guerre, la vraie, par exemple. Que ferez-vous ?

Pourquoi écoutez-vous plus ces gens que vous ne connaissez pas, ces dirigeants dont nous savons tous les sournoiseries ; plutôt que moi, votre parente et amie de toujours ?

Il faut nous reparler. Le silence, c'est la mort. La vie, l'énergie vitale, c'est la communication, le contact, et pourquoi pas la confrontation. C'est cela la vie. C'est cela l'amour et l'amitié.

Sinon ces mots sont vides de sens. Es-tu déjà mort ? Une sorte de Vivant-Mort ? Un sous-homme pour tout dire ?

Ce message que j'ai tant envie de leur transmettre, il faudra que je l'écrive et leur envoie. Demain, je le ferai.

Le bruit de la porte la fit sursauter. Pascal et Léo venaient de rentrer. Mon petit chéri se précipitait déjà sur moi pour m'embrasser, comme il put le faire tous les jours depuis qu'il sait marcher. Covid ou pas. "Je reviens te chercher", on l'a chantée tous les jours.

Je le serrais et l'embrassais avec tout l'amour dont j'étais capable.

3 – Sur le parking

Aurélie et Pascal se retrouvèrent à faire le chemin conjointement pour récupérer respectivement Anton et Léo à la garderie.

Pascal, à la fois penaud du scandale public qu'il venait de provoquer, mais aussi en ébullition intérieure n'était pas en condition pour parler.

Aurélie, elle, piquée de curiosité, lui demanda :

— *Comment saviez-vous que des interventions d'associations LGBT étaient prévues dans les écoles ? Pour ma part, je n'en avais jamais entendu parler.*

— *Oh, vous savez, je suis quelques groupes Telegram et sur Facebook qui en parlent.*

— *Des sites complotistes ?*

— *C'est sans doute comme cela que les présentent les grands médias oui.*

— *Comment pouvez-vous faire confiance à ces sites et ces groupes qui diffusent des fakes news ?*

Marcher détendait Pascal. Et puis discuter avec cette belle femme l'incitait à reprendre le contrôle de ses émotions, à faire baisser sa pression interne.

Ils arrivaient à la garderie. Leur conversation ne repris qu'après qu'ils aient récupérés leurs progénitures et se dirigent vers le parking.

— *Vous n'avez-pas répondu à ma question de tout-à-l 'heure,* repris Aurélie. *Comment faire confiance à des diffuseurs de fakes news ?*

— *J'ai envie de vous rétorquer : Comment pouvez-vous faire confiance à des médias qui portent tous le même message au même moment ? Qui sont détenus par une poignée de milliardaires et dont la survie dépend des subventions de l'état ?*

D'ailleurs, je ne vous apprends sans doute rien puisque la plupart des Français ne les trouvent pas crédibles.

Elle esquiva la tirade en lui répondant.

— *Vous avez peut-être raison, pourtant cela ne justifie pas pour autant votre confiance dans les médias complotistes.*

Ils arrivaient à leurs voitures. Il était maintenant détendu, soulagé d'avoir pu exprimer ce qu'il avait sur le cœur. Tandis qu'il faisait monter Léo à l'arrière, il lui fit un large sourire. Un sourire empathique, car malgré leurs points de vue différents, le charme d'Aurélie opérait fatalement.

— *Eh bien, cette information sur la promotion de l'idéologie du genre et des sexualités alternatives par des associations spécialisées, c'est grâce à ces réseaux que je suis au courant. Et vous le voyez-bien ce n'est pas un bobard.*

— *Certes...*

Rompant le court silence, Pascal repris :

— *Désolé, mais l'heure avance et je dois y aller maintenant. J'ai été ravi de faire votre connaissance. Je vous donne ma carte. Je suis entrepreneur dans la construction bois. Si jamais vous avez un projet.*

En prenant sa carte, elle dit :

— *Oui. Bien sûr. Écoutez pourquoi pas. Et puis ce sera l'occasion de poursuivre cette conversation. Au revoir.*

Ils se saluèrent, puis Pascal mis en marche et s'éloigna.

Aurélie monta dans sa voiture et demanda à Anton comment s'était passé sa journée. Il commença à la raconter par le menu. Avec ses camarades de classe, ils avaient fait une partie de volley. Et il aimait bien le volley...

Aurélie l'écoutait d'une oreille distraite. Toute cette séquence à l'école l'avait bousculée dans ces certitudes. Certitudes, c'était un bien grand mot. Disons plutôt dans ses habitudes de pensée.

Elle avait bien participé à quelques actions syndicales dans son usine, mais elle ne faisait pas de politique. Elle n'était pas une idéologue. Ce qui l'intéressait, c'était le concret. La réalité. Mais là, force était de constater que les faits qui s'étaient présentés à elle ce soir l'avaient troublée.

Quelle éducation, quel message, quel avenir préparait-on aux enfants si des drag-queens et des transsexuels leurs sont présentés comme des modèles ?

Bien entendu, elle n'avait rien contre les homosexuels. Tout le monde faisait bien ce qu'il voulait. Mais de là à promouvoir cette orientation, au même titre que la relation entre une femme et un homme, il y avait un pas impossible à franchir.

Elle avait la flemme après cette journée et cette réunion houleuse. Ils commanderaient des pizzas ou autres. Bastien choisira. Elle lui envoya un message pour savoir ce qu'il préférait.

Il était toujours au boulot. Ce sera pizza quatre fromages pour lui. Ok. Elle passa la commande tout en conduisant.

Hop, un mono-roue ! Elle avait failli ne pas le voir celui-là, il faut dire que carapaçonné et tout en noir comme il l'était, on aurait dit un robot. Elle repartit en s'excusant.

Trans…

Transhumanisme. Bastien était un fan de ce sujet. Il s'enflammait alors. Ce qui ne lui ressemblait guère par ailleurs. Parlant d'un avenir formidable, d'augmentation de nos capacités physiques et mentales, de la fin des maladies, voire de la fin de la mort, l'avènement de la vie éternelle. Il parlait aussi parfois de singularité, mais là, Aurélie ne comprenait plus bien à quoi il faisait allusion.

Plus d'une fois, elle lui avait demandé, mais que devient l'humain dans tout cela ?

Il répondait par la perspective formidable d'un homme transfiguré, dépassant les limites de son corps imparfait. Un Homme V2.0.

Il fallait bien que l'homme se mette à la page : c'était ça le progrès. De toute façon nous n'avons pas le choix concluait-il souvent.

Cela lui donnait le vertige, à Aurélie. Elle voyait mal ce qu'il y aurait de formidable à vivre éternellement. La perspective d'une société composée uniquement de vieux lui semblait au contraire terrifiante de sclérose.

Pourtant, éradiquer les maladies et autres handicaps c'est très tentant. Mais à partir de quand et jusqu'où ? Et ces technologies, sont-elles réellement aussi parfaites qu'elles prétendent l'être ? Ne sont-elles pas assez "expérimentales" ?

Elle aurait bien aimé se poser et en discuter, étudier la question. D'ailleurs, elle avait vu en passant devant un marchand de journaux un magazine qui titrait *"Transhumanisme – Le nouveau meilleur des mondes"*[1]. Elle allait l'acheter pour voir ce qu'ils en disaient.

---

[1] Il s'agit du N°14 du magazine trimestriel **Front Populaire**.

4 – Au travail

Bastien Lepetit a vingt-huit ans. Il est le compagnon d'Aurélie Da Silva de près de huit ans son ainée. Ils ont eu ensemble un garçon prénommé Anton, âgé de huit ans. Bastien est responsable d'un des services du département informatique de la société **EuroDext**. Il encadre une équipe d'une demi-douzaine de personnes qui développe des logiciels pour les besoins spécifiques de l'entreprise **EuroDext**.

Bastien recevait un fournisseur ce matin. Un fournisseur de profil. Ce dernier devait lui présenter une ressource spécialiste de la technologie **"Bun"**.

Quelques jours auparavant, lors d'une réunion des cadres de leur département, Bastien avait exposé qu'il y aura sans doute un intérêt à mettre en œuvre la nouvelle technologie de développement informatique **Bun**. Manuel représentait le service architecture informatique dans cette réunion. Manuel avait indiqué que la technologie **Bun** était encore très jeune, mais qu'effectivement elle pouvait être prometteuse.

Bastien avait argumenté qu'il y avait un besoin métier urgent pour le domaine **"*Transport*"**, domaine stratégique si il en est pour l'entreprise de logistique **EuroDext**. L'architecte avait rappelé que la technologie précédente faisait partie du socle technologique de la société, et cela pour de multiples raisons.

Bastien opposa qu'il fallait monter dans ce train technologique dès maintenant pour ne pas prendre du retard sur la concurrence. Il ajouta que de toutes façons **Bun** présentait des avantages cruciaux pour le projet de nouveau logiciel **NéoTransport**, voire indispensables. Cet argument laissa Manuel plus que dubitatif.

Le directeur informatique qui présidait la réunion trancha en faveur de l'emploi de **Bun**. Parce que de toutes façons, les projets étaient au final maîtres des technologies qu'ils employaient.

Bastien jubilait intérieurement. Il avait gagné. Ces vieux croûtons d'architectes ne comprenaient décidément rien à l'avancée des technologies. Il avait bien manœuvré sur ce coup-là.

Tout le monde en parlait maintenant de **Bun**. Cette nouvelle technologie avait été le thème de plusieurs conférences, notamment celles organisées par les principaux cabinets de conseil. Tous les groupes et les sites dédiés à l'informatique les plus en vue en parlaient quotidiennement. Les forums aussi étaient très actifs. Il fallait y aller. Maintenant. Sinon on serait *"has been"*. D'ailleurs, même la presse papier spécialisée commençait à évoquer **Bun**.

Maintenant, il fallait trouver des ressources connaissant **Bun** pour travailler sur le nouveau logiciel **NéoTransport**. Là, c'était une autre paire de manche, car qui dit technologie émergente, dit peu de profils disponibles.

C'est pourquoi Bastien était impatient de rencontrer ce premier profil **Bun**.

Sans doute, faut-il préciser, qu'une "ressource", qu'un "profil", désigne en réalité un être humain. Une personne capable de travailler sur une technologie particulière. **Bun** dans le cas présent.

Mais dans le langage de Bastien et de la plupart de ses collègues, les ressources étaient ce qui figurait comme ligne budgétaire d'un projet. Que ce soient des ordinateurs, des écrans, des tables, des sièges ou des personnes, pour eux, c'était la même chose.

Parfois une discussion survenait à ce sujet entre Bastien et Julien, un de ses subordonnés comme lui employé par l'entreprise **EuroDext**.

Julien trouvait cela choquant d'appeler des personnes, des êtres humains, des "ressources". C'était la mode désormais dans les entreprises d'appeler "Ressources humaines", le service autrefois nommé "Direction du personnel". Bastien, lui, n'y voyait aucun inconvénient, aucune raison de se poser des questions. D'ailleurs tout le monde parlait comme cela. Julien en convenait. Dans leur milieu, peuplé de geek et de nerd, c'était passé dans le langage courant. Mais justement, ces geeks, ces nerds, n'étaient-ils pas déshumanisés ? Auto-déshumanisés. Pratiquant les plaisirs solitaires. Inapte à mener une vie d'adulte véritable. De former un couple. D'avoir des enfants.

Julien le constatait et s'interrogeait en se demandant si tout cela était bien dans le sens de la vie ? Si il était possible de vivre en société, de faire société, lorsque ceux censés la composer étaient juste juxtaposés.

Pire, parfois il se demandait si ces geeks n'étaient pas devenus les instruments des machines. C'est-à-dire que c'étaient les machines qui façonnaient leur être, leur manière de raisonner, leurs émotions mêmes. Ceci était flagrant pour certains programmeurs devenus algorithmiques dans leur appréhension du monde. Ne sachant plus raisonner que de manière logique, presque mathématique, c'est-à-dire à la façon dont fonctionnent les programmes informatiques dans les ordinateurs.

Julien osait rarement aller si loin dans la discussion avec ses collègues et avec Bastien. Cela les aurait sans doute mis en cause personnellement et probablement conduit à sa mise à l'écart. À une suspicion de ne pas partager la même culture individualiste, pour ne pas dire égocentrique.

Parmi les rares avec lesquels Julien pouvait évoquer ces sujets figurait souvent des informaticiens maghrébins. Ils apparaissaient moins déracinés, plus soucieux de la vie en collectivité, en communauté.

En revenant de son entretien avec Asma, le profil que lui avait présenté le fournisseur, Bastien était perplexe. Il déduisait de leur échange qu'elle avait pratiqué **Bun** seulement sur un prototype. Elle semblait bien connaître le sujet, mais qu'en était-il de la pratique ?

Bon, à bien y réfléchir, il ne pouvait pas trop faire la fine bouche.

De toute façon il avait estimé qu'il fallait deux prestataires **Bun** et un autre fournisseur lui avait envoyé le CV d'un autre profil semblant plus costaud. Cela devrait pouvoir le faire.

Pour sécuriser le tout, il allait solliciter un consultant du cabinet de conseil **Mac Queentell** afin d'accompagner le projet.

Il faudra aussi qu'il pense à se débarrasser de Joseph le moment venu. Comme on adopte **Bun**, ce sera l'occasion de libérer une ressource sur les autres technologies. Surtout que Joseph, il avait toujours besoin de quelque chose. Il manquait un peu d'autonomie. Il n'était pas mauvais, mais pas non plus très bon techniquement. Il y songera dans les semaines à venir. Il mit un rappel dans son agenda privé.

Cela réglé, Bastien se replongea avec gourmandise sur la nouvelle tablette qu'il venait de recevoir. Peut-être allait-il pouvoir l'utiliser pour le projet **NéoTransport**.

5 – De la terrasse au jardin

Dimanche après-midi. Laurence et Pascal prenaient un café sur leur terrasse. Léo et Mona jouaient au ballon et avec des bouts de bois dans la cour, tandis que Timéo était sur sa console.

Laurence consultait sa tablette et Pascal son portable. Elle lui dit :

— Tu as vu cela en Belgique ?

— Non, quoi ?

— À propos du Covid-Circus, des médecins ont envoyé une lettre ouverte à leur Ordre Des Médecins. Ils disent avoir atteint le point de rupture dans la confiance envers l'Ordre. Écoute :

"Par prudence, par soumission, pour éviter des ennuis, nous avons longtemps accepté de nous taire et d'obéir. Mais avec nos patients, dans la discrétion de nos cabinets, prudemment, à demi-mot, nous étions déjà nombreux à émettre des doutes et des nuances par rapport au discours officiel que ces autorités tentent de nous imposer."

— C'est vrai. Nous avons tous suivis comme des moutons. Nous avons été surpris. Au début, surtout, car cela nous est tombé dessus brutalement. Alors on a suivi. Mais on s'est réveillés !

— Oui, mon chéri. On a tous été déstabilisés par le Covid 19. Et puis on s'est réveillés. Nous en tout cas. Écoute un peu plus loin la lettre qu'ils ont écrite :

"En tant que médecins de terrain, la plupart d'entre nous examinent quotidiennement des patients et constatent une forte augmentation des troubles gynécologiques, des myocardites, des Guillain-Barré, des névrites, des rechutes de maladies auto-immunes en rémission, mais également la réapparition d'infections auparavant sous contrôle telles que Lyme, zonas, mononucléoses, CMV...

Nous constatons également la réapparition de cancers en rémission, l'apparition de cancers de novo à progression très rapide appelés « turbos cancers »".

— C'est dingue. Tout cela car ces pontes de la médecine sont sous le contrôle des multinationales "Big-Pharma". Ils sont tellement sûrs d'eux-mêmes. Imbus d'eux-mêmes. Voire méprisants des "non-sachants" comme ils disent. Sûrs de leurs technologies, alors qu'elles sont pourtant largement expérimentales. On a mis des millions de gens en danger.

— Oui. Je crois que c'est pire que cela, tu sais. Ils l'ont fait exprès. Mais écoute encore un peu un autre extrait qui confirme tes dires :

"Comment l'Ordre a-t-il pu exiger de notre part de violer le principe de précaution (Primum non nocere [premièrement ne pas nuire]), d'autant plus avec des produits expérimentaux sur une population saine, sur des enfants, des jeunes, des femmes enceintes mettant en danger leur santé et leur vie, ainsi que celles de leurs fœtus ?"

Pascal repris :
— Si un organisme comme l'Ordre Des Médecins est atteint, des gens au service du soin, des personnes attachés à l'humain ; oui, si l'Ordre Des Médecins est

atteint, c'est que l'ensemble des institutions est gangréné. C'est hallucinant !

Avons-nous perdu tout bon sens ?

Et tu fais bien de me lire cette lettre ouverte, car ce sont des médecins qui l'on écrite. Pas un zozo au coin de la rue ou sur un obscur groupe Facebook. Des médecins qui soignent et voient des patients tous les jours.

— Attends, ils n'en restent pas là. Écoute la suite :

"nous vous mettons en demeure de cesser immédiatement de sanctionner les médecins lanceurs d'alerte qui dénoncent « la mauvaise gestion de la crise Covid par les autorités », faute de quoi nous devrons porter, devant les Tribunaux, cette situation de harcèlement, de censure et de mise en danger de la vie de nos patients."

— Je crois qu'ils se font bien des illusions. La Justice est également gangrénée. Elle ne désavouera pas le pouvoir. C'est tout le Système qui est pourri. Que cela nous plaise ou non, il faut bien se rendre à l'évidence. Rien ne va plus.

Dans n'importe quelle direction que tu regardes : Santé, éducation, instruction, démocratie, économie ; j'ai l'impression d'être le passager d'un train fou qui prend toujours plus de vitesse.

— Tu sais bien Pascal, pour ma part je suis sûre que c'est voulu tout cela. C'est organisé pour nous assujettir, pour diminuer la population, pour gouverner par la peur.

C'est le "Great Reset" de Klaus Schwab. C'est organisé en sous-main par les maîtres du monde qui se réunissent à Davos. En Suisse, comme par hasard.

Les discussions sur ces sujets entre Laurence et Pascal arrivaient invariablement à ce point. Laurence était persuadée que des réseaux plus ou moins souterrains orchestraient tous ces événements. Que cela était voulu, planifié. Pascal, pour sa part, n'y croyait pas. Non pas qu'il nie l'existence et l'influence de ces réseaux, mais il pensait la situation plus grave que cela. Pour lui les dirigeants étaient aux commandes de la locomotive d'un train devenu fou, d'un train dont ils ne maîtrisaient plus les manettes.

— On en a déjà parlé de cela. Crois-tu vraiment qu'ils soient si puissants ces réseaux pour embringuer y compris des pays avec lesquels ils s'opposent régulièrement comme la Russie ou la Chine ? Pour moi, l'explication est plus simple la mondialisation des échanges commerciaux ou touristiques, induit la mondialisation des maladies. Ce qui était hier des épidémies, limitées à une zone géographique, deviennent des pandémies, se répandant dans le monde entier en quelques semaines.

Je vais même te dire un truc. Ce n'est même pas le Covid 19 la pire pandémie. C'est la malbouffe et les modes de vie sédentaire qui provoquent la pandémie d'obésité et autres maladies cardiovasculaires ou le diabète.

Laurence se redressa et objecta :
— Tu ne vas pas me dire qu'ils ne savaient pas ce qu'ils faisaient en imposant le pass sanitaire, la vaccination obligatoire et toutes les libertés perdues. Tout cela avec un matraquage perpétuel à la télévision. En créant des citoyens de seconde zone, n'ayant ni le droit de travailler ni de sortir de chez eux. Toutes ces mesures les arrangent bien pour mettre la population sous contrôle.

— Tu as raison. Je crois qu'ils mettent à profit la situation de crise pour faire avancer leur projet de tout marchandiser, de destruction des institutions sociales et des services publics. Pour enrichir leurs donneurs d'ordre, comme les grands laboratoires pharmaceutiques.

Pour autant, si ils utilisent la crise dans leur intérêt, je ne crois pas qu'ils déclenchent des crises pour le plaisir. Je pense qu'elles résultent du fonctionnement chaotique de leur système. Écoute, je le vois bien dans mon travail. Quand mes clients sont d'autres boites, le plus souvent, ils sont incapables d'avoir une vision au-delà de trois mois. Ils sautent juste sur le dernier truc à la mode. Et là, il faut que les travaux soient réalisés en moins de deux. Comme si c'était magique !

Et tu voudrais qu'ils soient capables de planifier des crises comme celles-là ? Je n'arrive pas à y croire.

— Pourtant, il y a pas mal de sources disant que le virus du Covid 19 a été fabriqué volontairement. Même Trump l'a évoqué à un moment donné. Les Chinois l'auraient fabriqué et diffusé sciemment.

— Je n'en sais rien de l'origine du virus. Tu as peut-être raison. Mais dans quel but ? Pour mettre leur propre économie à genou ?

— Pour le diffuser dans le monde entier et affaiblir les autres pays.

— Comment expliquer alors que la Chine ait été l'un des derniers pays à lever les restrictions les plus drastiques ? Cela ne colle pas avec ton scénario.

— Oh c'est bon ! Toi de toute façon, il faut toujours que tu aies le dernier mot. En tout cas, je sais ce que je dis et il y a plein de docteurs et des scientifiques qui pensent comme moi. Pense ce que tu veux, mais moi, je vois bien de quoi il retourne.

Arrivé à ce point de la discussion, pour Pascal, il valait mieux ne plus argumenter, sinon cela allait partir en vrille. Avec des accusations réciproques dont leur couple ne sortirait pas grandi.

Après un petit moment, Pascal se leva pour aller bricoler au jardin. Tentant un bisou sur la tête, l'esquive de Laurence le fît renoncer gauchement.

Il aimait bien jardiner. Cela laissait son esprit libre de cheminer vers des pensées inattendues. Tous ces sujets le préoccupaient. Il voyait la civilisation bien malade. Une multitude de penseurs le disaient aussi d'ailleurs. Les Onfray, Finkielkraut, Redeker, Oberlin, Rougeyron, Collin et tant d'autres dont il voyait les vidéos et lisait les articles. Zemmour même était bien le symptôme de quelque chose. Parce que Pascal en était persuadé, chaque personne disait une part du réel. Délivrait un message reflétant un fragment de vérité.

Même Laurent Alexandre, pourtant honni dans les milieux de la Résistance, disait des choses intéressantes et s'inquiétait de la tournure que pourrait prendre les événements si l'IA [Intelligence Artificielle] venait à échapper à notre contrôle.
N'avait-il pas participé à l'écriture des livres "**Google Démocratie**" et de "**Adrian Humain 2.0**", des romans d'anticipation particulièrement flippants, alertant de la pente sur laquelle nous sommes engagés…

Tout cela était bien "gentil", mais au fond, tous ne font que constater. Ils ne font que prolonger les courbes des tendances actuelles sans rien proposer véritablement pour échapper à cette spirale délétère et finalement décadente.

Nous sommes au XXIe siècle. Un siècle sans espoir, après les désillusions, souvent mortifères, dont le XXe siècle fût le temps. Sans espoir ? Sauf celui de Macron, Musk et de Von Der Leyen, où tout serait à vendre. Ou toutes les relations humaines seraient objet de commerce. Les corps, les âmes, les esprits, les machines, les cyborgs, les bébés ou je ne sais quoi. Je sens l'Ukraine comme la quintessence de cet aboutissement Barbare.

On attribue pourtant à je ne sais plus qui la phrase *"Le XXIe siècle sera religieux ou ne sera pas"*. C'est donc que le pire est possible, mais aussi un certain rebond. Le pire n'est jamais certain.

À la fin, je suis persuadé que l'énergie vitale nous fera bifurquer sur la bonne trajectoire. Cette conviction, irrationnelle peut-être, je la garde dans mon ventre.

Mais quelle peut bien être cette trajectoire ?

6 – Au restaurant

Bastien et Aurélie allaient souvent au restaurant. Le couple confiait Anton à Alexandra, la sœur d'Aurélie de six ans sa cadette, qui faisait office de babysitteur. Ils la payaient bien entendu. Ce petit revenu complémentaire permettait à Alexandra de s'en sortir un peu mieux financièrement. Il faut dire que Karim, son mari, alternait entre petits boulots et périodes d'inactivité pouvant être longues.

Aurélie engagea la conversation :
— *Je t'ai dit qu'Alexandra et Karim allaient en vacances en Magésie ? Ils vont voir la famille de Karim là-bas. Elle m'a annoncé cela tout à l'heure quand j'ai déposé Anton. Cela leur changera les idées et ils profiteront du soleil.*
Ça bouge un peu en Magésie en ce moment, on dirait. J'espère que tout se passera bien pour eux là-bas. Il n'y a pas de raison n'est-ce-pas ?
Ignorant la question, Bastien rebondit :
— *C'est nickel cet arrangement avec ta sœur. Elle est toujours disponible. Cela ne nous revient pas trop cher. Et en plus, Anton est avec quelqu'un de la famille, de confiance.*
Aurélie répondit à Bastien qu'effectivement cet arrangement aidait bien sa sœur. Qu'elle y voyait pleins d'avantages. Elle poursuivit ainsi :
— *Pourtant, je n'arrive pas à être totalement tranquille. Même si c'est ma sœur. Depuis qu'elle s'est convertie à l'islam, je ne la reconnais plus. Je ne peux m'empêcher de craindre son influence sur Anton.*

— Tu ne vas pas me dire qu'elle était mieux avant tout de même ? rétorqua Bastien.

— Oh, bien sûr, c'est certain. Avant elle était un peu comme Line. Elle menait une vie décousue. Sortait beaucoup, fumait, et pas que des cigarettes, picolait pas mal, surtout les soirs de fêtes. Et il y avait souvent quelque chose à fêter...

— Alors je ne te comprends pas. Qu'elle soit musulmane maintenant ne pose aucun problème, du moment qu'elle s'occupe bien de notre fils, c'est l'essentiel.

— Oui. Bien entendu. Pourvu qu'elle ne s'en occupe pas "trop bien". Qu'elle lui mette des idées en tête.

Après un silence, elle reprit.

— J'ai parfois l'impression d'un changement dans le regard qu'Anton porte sur moi. Comme un mélange du respect dû à sa mère, avec un sentiment de supériorité, de condescendance.

— Tu te fais des idées. A-t-il fait ou dit quelque chose accréditant ton impression ?

— Non. Pas encore.

Ils finissaient de prendre l'apéritif lorsque le hors-d'œuvre leur fut apporté. L'unique hors-d'œuvre, car Bastien n'en prenait pas, préférant se réserver pour sa pizza.

— Alors tu vois. Je trouve cela très bien qu'Alexandra ait trouvé sa voie. Je devrais dire Kassandra, car c'est ainsi qu'elle se prénomme désormais.

— Ça, je n'arrive pas à l'avaler.

— Elle n'est pas bonne ta salade d'avocats ?

— Non. Qu'elle change de prénom. Comme si ce n'était plus la même personne. Comme si elle avait perdu son identité originelle.

Oui, je vois bien le mieux par rapport à sa vie dépravée d'avant, mais je n'arrive pas à voir comme un progrès qu'elle ne puisse plus travailler à l'extérieur, sauf chez nous. Qu'elle soit soumise ainsi. Regarde, elle ne fait plus rien de ce qu'elle aimait, comme lire ou danser. Elle est passée d'un extrême à l'autre. Je le vois comme une régression.

Tu ne le crois pas toi aussi ?

— Écoute chacun fait comme il veut, mène sa vie comme il l'entend. Moi cela ne me gêne pas. Cela m'est égal du moment que moi je puisse faire à ma guise.

— Tu es décidément un individualiste forcené !

Elle regretta immédiatement ces paroles. Mais elles avaient jailli de son ventre. Cela ne perturba pas pour autant Bastien :

— Oui. Et alors ? C'est la société d'aujourd'hui. Il faut vivre avec son temps.

De nouveau, elle ne put s'empêcher de répondre :

— Peu t'importe l'état de la société et l'avenir d'Anton ? Le monde peut bien s'écrouler, du moment que tu n'es pas touché, tout va bien.

— Ce n'est pas mon problème. Il y a les hommes politiques pour s'occuper de ces choses-là !

Cette réplique coupa court à la discussion. Aurélie finit de manger sa salade d'avocats en silence. L'écart grandissait entre sa perception des choses, elle qui devenait une femme plus mûre, et les certitudes de cet homme encore dans la vingtaine. Elle le voyait bien. Bastien était en adéquation avec les modes. Il ne se posait pas de questions autres que techniques. Il faisait partie des "winner" de la mondialisation et du néolibéralisme, et il adaptait sa façon de penser aux attentes de ses chefs et du discours médiatique.

La réalité d'Aurélie était différente : Ouvrière au contrôle qualité à l'usine **Electrem**, fabriquant des appareils électroménagers. Elle ne faisait plus les postes depuis son obtention de la qualification de contrôleuse. C'était mieux. Elle n'était plus à la production proprement dite. Les cadences n'en étaient pas moins intenses. "Productivité oblige" aurait sans doute justifié Bastien.

Sa copine et amie d'enfance Line travaillait aussi à l'usine. Elle était toujours à la production, à l'emballage. Elle profitait de la vie comme elle disait. Mais bon, seule avec deux enfants à charge… Pas facile tous les jours. Heureusement, elle touchait des aides et les pensions alimentaires de ses ex. Elle s'en sortait. Il y en avait d'autres qui étaient parfois obligées d'aller au Secours Populaire…

Quand Line était du matin, elles mangeaient souvent ensemble. Elles passaient un bon moment à rigoler. À parler des chefs et des mérites du cheptel masculin chez **Electrem**.

Line lui parlait de ses enfants aussi. Le plus grand était toujours enfermé dans sa chambre. Il n'allait plus que rarement au collège. Mangeait n'importe quoi à n'importe quelle heure. Vivait la nuit et dormait le jour. Line ne savait plus quoi faire. Elle commençait même à avoir peur de lui.

Tout allait bien pour la petite. Du moins jusqu'à cet été. Parce que Line avait confié à Aurélie que depuis son retour de colonie de vacances en Ardèche, sa petite Aurore avait changé. Elle ne voulait plus jouer à la poupée et autres jeux de société. Elle préférait maintenant le rugby. Rien que cela ! Alors qu'elle était toute fluette. Line était troublée par ce changement de caractère si brusque, si brutal pour une encore toute petite fille de cinq ans et demi.

Même si Aurélie partageait en grande partie le conformisme de Bastien, son caractère la portait au pragmatisme. Elle jugeait sur pièces. Et là tous ces faits, tous ces événements mis bout à bout dessinaient un tableau peu réjouissant, traçaient une trajectoire inquiétante. C'était indéniable.

Le repas se poursuivit ainsi. Aurélie plongée dans ses pensées et Bastien dans son téléphone portable.

Line racontait ses aventures amoureuses aussi. Amoureuses étaient un bien grand mot, car les relations étaient le plus souvent éphémères à l'heure des applications de rencontre. Des parties de jambes en l'air, plutôt. Des plans cul. Même si elle disait que c'était son choix, Aurélie sentait bien une fêlure sentimentale chez Line. Un vide. Un néant, en vérité.

Heureusement, ses enfants lui donnaient goût à la vie.

Sortis de leurs léthargies par la fin du dîner, Bastien demanda à Aurélie à quoi elle pensait. Elle lui répondit à Line qu'il avait croisée quelques fois.

— Ah ouais. Line. Ce ne serait pas un peu une cassos ?

— Oui. Comme moi !

7 – Réunion de Résistants

Pascal attendait cette réunion avec envie. C'était assez nouveau pour lui. Laurence aussi d'ailleurs était avide d'y assister, même si depuis la crise du **Covid 19** elle ne comptait plus le nombre de ses participations. Cela faisait du bien de se retrouver entre personnes conscientes des réalités. Tant de personnes, malgré leurs dénégations, écoutaient encore les grands médias du système et s'imprégnaient ainsi du discours dominant.

Alphonsine, l'organisatrice de la réunion, animait les débats. Aujourd'hui, un intervenant extérieur de marque était présent : **Ulysse 34**, un "Liveur" connu dans les milieux de la Résistance. Il faut dire que ces vidéos faisaient régulièrement plus de cent mille vues sur Internet !

Laurence présenta Pascal à Corinne qui n'était pas là quand il était venu à une réunion précédente. On échangeait sur les dernières mesures du gouvernement. Toutes orientées dans la direction de la réduction des libertés, de leur endiguement croissant sinon de leur perte.

— *Tu as vu cela*, engagea Corinne, *ils parlent d'encadrer, de réglementer les réserves d'eau des particuliers. Tu sais les cuves que les gens utilisent pour arroser leur jardin par exemple. L'eau de pluie tombant chez toi, elle est à toi bon sang. Eh bien, ils veulent t'en déposséder. Encadrer l'usage ou je ne sais quoi exactement. Le décret n'est pas encore sorti, mais j'ai vu une vidéo où il parait que ce serait dans les tuyaux.*

— *Par décret*, rebondit Laurence, *oui, j'ai vu cela moi aussi. Par décret, c'est-à-dire par décision du seul Gouvernement alors que cette mesure toucherait des millions de Français. On ne passe même pas devant les Députés. C'est hallucinant. Et il y en a qui croient encore que nous sommes en démocratie.*

— *Cela me rappelle le décret sur les quatre-vingts kilomètres/heure*, ajouta Pascal. *Croyez-moi, si ils touchent à cela, cela va être la révolution. Un retour des Gilets-Jaunes. C'est un peu la même chose. Cette histoire de l'eau de pluie, c'est la goutte qui fera déborder la cuve.*

Ce clin d'œil fit sourire et rire ses interlocutrices.

— *Tout cela c'est pour vendre leur eau. Celle du groupe industriel Liavéo. C'est pourtant bien un bien commun l'eau que diable ! Démocratie mon cul oui !* envoya Laurence.

Les petits groupes de discussion se formaient, s'égaillaient et s'insurgeaient de telles ou telles évolutions ou mesures, jusqu'à ce qu'Alphonsine demandât à chacun de trouver une place afin de commencer la séance. Ceci fait, elle présenta le programme à l'ordre du jour. Le clou de la réunion était bien sûr l'intervention d'**Ulysse 34**. Il parlera en seconde partie de soirée précisa Alphonsine.

Divers sujets furent abordés, notamment les actions à mener, en particulier sur les réseaux sociaux. Un tract était en projet aussi pour alerter des effets secondaires et des maladies provoquées par les pseudo-vaccins à ARN Messager. À l'appui de cela, pour ne pas être taxé de complotiste, Alphonsine suggère de s'appuyer sur plusieurs études scientifiques et des témoignages de médecins pointant chez des sujets jeunes des crises cardiaques, des myocardites, des AVC, des cancers fulgurants et autres perturbations des règles pouvant déboucher sur un cancer.

Elle enchaîne en évoquant l'usage d'oxyde de graphène dans ces pseudo-vaccins, le pistage des vaccinés par la **5G** et la capacité pour nos dirigeants, et surtout de ceux qui les manipulent dans l'ombre, en particulier la mafia Khazars, de procéder à un génocide pour diminuer la population.

Laurence buvait ses paroles et était de plus en persuadée qu'un petit groupe mafieux tirait les ficelles de toutes ces crises. Certains parlaient même de la présence d'extra-terrestres sur terre. Que ceux-ci seraient des reptiliens là depuis plusieurs millions d'années, jouant le rôle de chef d'orchestre ultime. Et cela pour des fins nous échappant. Elle avait un peu de mal toutefois à être convaincue par cela. L'hypothèse extra-terrestre lui semblait tout de même farfelue. Mais bon…

Pascal pour sa part écoutait tout cela avec attention et intérêt. D'autant plus qu'il connaissait plusieurs personnes dans son entourage ayant eu des effets secondaires très sévères juste après la pseudo-vaccination avec **Noverna-Vac**. Un couple de même pas quarante ans, dont l'homme a bien cru en crever le soir même et les jours suivants l'injection. Une cousine aussi qui désormais avait contracté un cancer du sein invasif après avoir perdu ses règles dans la foulée de la pseudo vaccination.

Pour autant, comme il avait déjà eu l'occasion de le dire à Laurence, il en restait aux faits avérés. Il décrochait dès que l'on parlait d'une main occulte manipulatrice. Au fond, il se disait que les gens cherchaient un bouc-émissaire. C'était classique comme réaction. L'histoire regorgeant de situations où un bouc-émissaire concentrait toutes les causes de la crise traversée par la société. Il le comprenait comme une manière de se rassurer, puisqu'il suffisait de se débarrasser des quelques coupables pour que tout rentre dans l'ordre.

Quant à lui, il n'était pas enclin à se bercer de telles illusions.

Le moment de la prise de parole d'*Ulysse 34* était venu. Il commença ainsi :

— *Bonjour à toutes et tous.*

Il y a plusieurs mois, j'avais annoncé l'intention de nos gouvernants de faire implanter une puce électronique dans notre corps, ou tout du moins d'étudier un tel projet. Une puce injectée sous la peau de la main, à la manière du marquage déjà pratiqué pour les animaux domestiques.

À l'époque, j'avais été taxé de complotiste, d'être une personne délirante, racontant n'importe quoi. Les grands médias, les traqueurs de "fake news" comme ils disent m'étaient tombés sur le râble pour dénoncer mes propos comme infondés.

Cet implant servirait à ouvrir des portes d'accès, pour payer ces courses ou toute autres applications du même genre ou pire, puisqu'il serait alors possible de suivre tous vos faits et gestes, tous vos déplacements. C'est la fin de la vie privée, surtout si tout le monde se voit imposé d'avoir ces implants dans le corps.

Pourquoi pas des cartes d'identité numérique, des passeports numériques, éventuellement un passeport vaccinal ?

C'est déjà utilisé en Suède. Il est même possible d'avoir un billet de train dessus !

Comme on nous le vend comme "pratique" et "moderne" les gens ne voient pas le contrôle. Nous devenons un animal dans leurs mains. Déjà avec le téléphone, ils peuvent nous contrôler pour savoir où l'on est, et avec le Big Data prédire ce que l'on peut imaginer. Mettre une puce à l'intérieur du corps, cela fait de nous des esclaves. Je suis contre. L'élite globale veut tous nous asservir.

Vous ne le savez sans doute pas, mais des recherches existent en France depuis l'an 2000 au CNRS sur cette technologie. Eh oui, et comme il y a des gens qui volent votre portable, il aura des personnes capables de vous enlever ou de vous couper les mains pour accéder à vos comptes.

Il poursuivit ainsi son discours durant plusieurs dizaines de minutes. Invoquant d'autres thèmes, comme la disparition de l'humour, du rire qui il n'y pas si longtemps était libre, débridé, car nul n'imaginait d'arrière-pensée néfaste. Alors qu'aujourd'hui, au quotidien, on se surveille, on ne dit pas ceci, on ne fait pas telle plaisanterie car celui-ci ou celle-là pourrait se sentir "stigmatisé" voire "agressé". Il cita même un comédien connu pour illustrer son propos : "*Quand une société va bien, il y a beaucoup d'humour. Ce que je trouve très scandaleux maintenant, c'est que tout a été fait pour l'enlever. Vous ne pouvez pas remettre en cause leur manière de penser. C'est ça qui m'inquiète. Et l'humour, c'est ça. Et en riant, on riait aussi et d'abord de nous-mêmes.*"[2]

Puis, il revenait sur des sujets déjà évoqués précédemment comme les implants sous-cutanés.

---

[2] Déclaration publique authentique de José Garcia en janvier 2023.

Arrivant à la fin de son intervention, il concluait de cette manière :

— *Toutes ces politiques, toutes ces technologies, tous ces progrès en viennent à nous asservir. Dans quel but ? Au bénéfice de quels intérêts ?*

Ceux qui me connaissent le savent bien, il y a une force occulte à la manœuvre derrière toutes ces actions. Elle suit son plan établi à l'avance. Un plan qui nous dépasse, qui outrepasse notre entendement. Pourtant cette force n'est pas invincible. D'autres puissances, agissant elles aussi dans l'ombre, œuvrent de manière bénéfique. Pour une finalité positive. Vous pouvez en percevoir les agents. Quelque part vous et moi aussi aujourd'hui en sommes déjà les agents.

Ces dernières paroles pour le moins énigmatiques laissèrent Pascal de marbre. Ce n'était pas le cas du reste de l'assistance, dont Laurence, qui applaudissait **Ulysse 34** avec enthousiasme. Pascal applaudissait aussi bien sûr, car dans l'ensemble, le discours correspondait à ses opinions.

Alphonsine demanda si des personnes dans l'assistance avaient des questions ou des commentaires. Plusieurs Résistants prirent la parole pour demander des précisions, des développements sur certains points, ou, souvent aussi, pour prodiguer leurs commentaires.

Fidèle à son tempérament analytique mais aussi spontané, Pascal ne put s'empêcher de demander :

— *Je n'ai pas bien saisi ta conclusion Ulysse. Pourrais-tu nous en dire un peu plus sur ces forces agissant dans l'ombre ? Des forces qui si j'ai bien compris sont antagonistes.*

— *C'est une interrogation légitime que tu m'adresses là mon ami. Puisque connaître ses ennemis et ses alliées est essentiel. La réponse à cette question est délicate, car en effet, elle mériterait de longs développements, une longue conversation. D'ailleurs, pour ceux qui sont intéressés, je vous invite à vous inscrire à nos séances d'approfondissement auprès de Momo ici présent.*

Cette réponse, qui n'en était pas une, motiva la relance de Pascal :

— Cette question est si problématique pour ne pas y apporter de réponse plus claire ? Ce ne sont tout de même pas des extraterrestres ces forces ! Par conséquent, même très puissant, je ne connais pas de groupe humain si puissant soit-il auquel on ne puisse s'opposer. Alors...

Cet avis suscita de l'irritation dans l'assistance, tout acquise à la vedette du jour. Celui-ci interrompit Pascal.

— Voyez-vous, comme je vous l'ai déjà précisé, ce sujet n'est pas abordable de manière ouverte. Toutefois, je constate que c'est vous qui parlez d'extraterrestre, pas moi.

Se retournant vers le reste de l'assistance, il demanda si quelqu'un avait une autre question ?

Il en fallait un peu plus pour que Pascal se démonte. Aussi, il enchaîna :

— Oui, j'ai une autre question. Ton discours est parfaitement judicieux sur les constats et sur la trajectoire délétère qu'emprunte notre société, notre civilisation même. Je te rejoins globalement sur tes propos. Aussi, au-delà des constats, quelles solutions, quel espoir pouvons-nous tracer pour nous, pour nos enfants et nos petits-enfants afin de s'écarter de cette mauvaise route, de trouver une autre voie ?

Ulysse ne s'attendait pas à cette question. Habituellement, celles-ci tournaient autour des situations d'actualité, de la dénonciation des abus de l'oligarchie au pouvoir, en particulier dans le domaine des libertés. Il réfléchit un bref instant, avant de poser :

— Il faut nous rassembler, nous les Résistants. Se tenir prêt à toutes éventualités. Je ne doute pas qu'à l'avenir surgira devant nous la voie à suivre. Que le sens de la vie, que l'énergie vitale s'exprimera.

Pascal en conclut qu'il n'avait aucune idée de perspectives à proposer à la Résistance. Au fond, Ulysse semblait se satisfaire de sa petite notoriété. Alors pour qu'un Espoir se fasse jour, il faudra chercher ailleurs.

Laurence était furieuse des interventions de Pascal. Elle le prit à part et exigea qu'ils quittent dès maintenant la réunion pour éviter d'autres esclandres. Dans la voiture, elle lui passa un savon carabiné. Ce soir-là, sans doute, pour la première fois, Pascal sentit une faille s'ouvrir entre elle et lui.

Pendant ce temps, Alphonsine sortit l'appareil estampillé **CryptoPhoneF1** de la boite à gants de sa voiture et l'utilisa pour composer le message *"RéunionOK - Pascal Tourneur maîtrisé"*.

8 – Nouvelles de Magésie

Tougoulou goulou goulou

Tougoulou goulou goulou

Aurélie décrocha l'appel en *face-time*. C'était sa sœur Alexandra qui appelait de Magésie.

— *Salut, comment vas-tu ? Cela se passe bien les vacances ?*

— *Coucou ma sœur ! Oui super. Il fait doux ici. Pas très chaud et un assez nuageux, mais ça va pour un mois de novembre.*

— *Et tes beaux-parents comment vont-ils ?*

— *Très bien. Ils sont vraiment très gentils. Très accueillants. Le père de Karim connaît bien la France, tu sais. Il est au courant de notre façon d'être, c'est facile. Sa mère est plus traditionnelle. Bon, tu sais, les relations entre belle-mère et belle-fille, c'est parfois un peu plus rugueux. Elle veut le meilleur pour son fils.*

— *Oui. Bien sûr. Cela se comprend. Sinon, on voit aux infos qu'il y a pas mal d'événements politiques en Magésie. Cela m'inquiète un peu pour toi. J'ai un peu peur qu'il t'arrive quelque chose. Tout va bien pour vous ?*

— *Écoute, franchement, ici c'est formidable. Je voulais t'en parler justement. Tu sais, on est dans la banlieue de la capitale, et ici, c'est l'effervescence. Les gens se parlent, se réunissent, discutent du pouvoir en place et de comment mettre fin à ce régime autoritaire et corrompu. Il y a plein de mouvements, d'affiches dans les rues.*

Ce discours était loin de rassurer Aurélie.

— *Le pouvoir semble débordé. Il ne sait pas comment réagir. Les policiers mêmes ne sont plus comme avant, me dit le père de Karim. Ils sentent que quelque chose est en train de se passer. Il règne ici comme une atmosphère de fin de règne.*

Certains sont un peu perdus, car très liés au pouvoir, mais la plupart des gens sont optimistes. Oui, vraiment ici il y a une ambiance humaine incroyable. Je n'avais jamais ressenti cela auparavant.

— *Sois prudente tout de même. Tu sais cela me rappelle un peu les "Printemps Arabe" des années 2010. Tu ne t'en rappelles peut-être pas, mais cela a mal tourné dans plusieurs endroits et pour pas mal de gens. Surtout que toi, tu es une femme, et que tu es Française.*

— *Honnêtement, il règne ici une fraternité qui dépasse toutes barrières habituelles. Vraiment, il n'y a pas lieu de s'inquiéter.*

Oui, je sais bien qu'à l'époque des "Printemps Arabe" il s'est passé pas mal de trucs. Mais là, j'ai l'impression que c'est différent. Par exemple, on ne sent pas d'influence étrangère ou de groupes déjà là dans l'ombre et qui en profiteraient pour surgir maintenant. Il y en a bien sûr, sans doute, mais le mouvement vient vraiment du peuple. Crois-moi !

Ils en ont assez de ce pouvoir corrompu, sclérosé, qui se fait manipuler par les grandes puissances étrangères. Qui organise les trafics au bénéfice d'un petit clan et empêche les gens de vivre, de prendre des initiatives, d'être libres en définitive. Libres et égaux.

— *Oui. Tant mieux. Tant mieux. Mais qui dirige alors ? Qui sont les leaders ?*

— *Il n'y a pas vraiment de leader, tu sais. Il y a des personnalités qui émergent ici ou là. Ce qui est marrant, c'est qu'ils font comme-si le pouvoir était déjà tombé. Ce dont ils discutent, c'est de ce qu'il faut faire. Dans quelle direction il faut aller.*

— J'ai du mal à te suivre. Ne me dis pas qu'il n'y a pas des communistes ou des islamistes qui essaient de tirer parti de la situation ?

— Oui. Il y a des islamistes, des communistes, des socialistes et des nationalistes également. Ils tentent tous de se faire entendre, pourtant tous sont vite remis à leur place par la foule, par le peuple. On leur rappelle vite fait leur passé peu glorieux ici et ailleurs et cela leur cloue le bec.

Écoute l'autre jour, dans un rassemblement à la fin de la manifestation quotidienne, un homme, sans doute un "Frères musulmans"[3], déclama que toutes les solutions aux problèmes quotidiens étant dans l'islam. Cela a soulevé une bronca dans l'assemblée. C'était incroyable.

Aurélie demeura un instant interdite face à ces révélations. Sa sœur fraîchement convertie à l'islam, qui participe à une bronca vis-à-vis d'un discours islamisant. Elle s'en étonna auprès d'Alexandra qui lui répondit :

— Ne soit pas surprise ma sœur. L'islam, c'est avant tout une culture, une fraternité. Alors de là à dire qu'il apporte toutes les solutions à tous les problèmes il y a plus qu'une marge. Ce n'est tout simplement pas réaliste.

Et c'est ce qui me frappe aussi dans ce mouvement : son réalisme. Les débats tournent autour de cela. Du pouvoir du peuple. Certains disent qu'il faut la démocratie directe, le pouvoir du peuple en tout domaine. D'autres répliquent que c'est irréaliste, qu'à

---

[3] "La Société des Frères Musulmans" est une organisation transnationale islamique (panislamiste). Elle est considérée comme terroriste par plusieurs pays Arabes ou non [Wikipédia]

un moment où à un autre, il faut bien que les décisions et les actions soient réalisées par des délégués ; que ce qui compte, c'est le contrôle populaire permanent sur les représentants. Pour l'instant, ce sont les premiers qui tiennent la corde.

Aurélie commençait à mesurer la situation en Magésie. Elle ne s'était jamais trop intéressée à la politique, toutefois les faits qu'elle observait en France, la trajectoire à vrai dire décadente où elle sentait son pays s'engager la dérangeait. Et devant cette situation, même si certains dénonçaient cette dérive de la société, elle ne voyait personne proposer de solution adaptée, d'orientation nouvelle pour en sortir. Aussi, elle demanda :

— *J'ai le sentiment que tu vois un Espoir se dessiner là-bas. Je me trompe ?*

— *Pour tout te dire, je n'en sais rien. Oui, il y a un engouement populaire, une vie, une énergie dans les rues, dans les cafés, partout. Oui, il y a un Espoir. Mais vraiment, je ne saurais pas te dire comment cela va évoluer. Déjà, le pouvoir est toujours en place. Et je crois que les gens ne le renverseront que lorsqu'ils sauront dans quelle direction aller. C'est comme-si le peuple n'avait pas envie de se faire embarquer dans je ne sais quelle aventure. Sans doute, parce que de ces illusions utopiques, c'est lui qui en paie les conséquences.*

Alors, vois-tu, j'en ai le sentiment, le peuple dans son ensemble, n'a pas encore choisi entre ces deux orientations : Démocratie directe d'un côté ou délégués soumis à un contrôle étroit de l'autre. D'autant plus que dans les discours de certains, il faut avant tout savoir quel "modèle de société" mettre en place. Là, cela devient un peu flou pour moi.

Aurélie et Alexandra restèrent toutes deux silencieuses pendant un moment. L'esprit un peu vidé par cette conversation politique dont ni l'une ni l'autre n'étaient des habituées.

Après cet appel, Aurélie se trouva transformée. Elle avait changé. Non, elle n'avait pas changé. Pas encore. Elle, qui ne se posait jamais de questions, s'en posait désormais. Et plus que de questions, ce dont elle avait soif, c'était de réponses.

9 – Promenade en forêt

Pour les festivités de fin d'année, la municipalité organisait une "randonnée familiale" dans la forêt d'Ermeville-sur-Conon et ses alentours, à laquelle les écoles étaient invitées à participer. Il s'agissait pour les enfants et leurs parents de suivre un parcours jalonné de défis à relever. Ce pouvait être une question à laquelle répondre, un objet à collecter ou bien un objectif à atteindre.

La forêt d'Ermeville-sur-Conon était suffisamment grande et les parcours variés pour que les groupes se répartissent bien sur l'ensemble de son étendue et de la journée.

Dans la zone de départ Pascal, Laurence et leurs trois enfants s'affairaient à choisir le parcours qu'ils allaient emprunter. Choix difficile, puisque Timéo voulait le circuit **Aventure** alors qu'avec les petits Mona et Léo le parcours **Eveil** paraissait plus indiqué. C'est à ce moment qu'arrivèrent Bastien, Aurélie et leur fils Anton. Pascal reconnu immédiatement Aurélie, et réciproquement. Elle orienta sa petite famille vers celle de l'entrepreneur.

— *Bonjour, comment allez-vous ?* engagea-elle

— *Bonjour, bien, bien, et vous-même ?*

Étant dans la même classe Anton et Léo devisaient déjà à propos du choix du circuit à parcourir.

— *Je vous présente Bastien, mon compagnon et Anton.*

— Laurence, ma femme, et mes enfants : Timéo, Léo et Mona six ans. Dites bonjour les enfants.

Les salutations et présentations d'usages étant faites, la discussion s'orienta rapidement sur le choix du parcours. Léo et Anton voulaient aussi faire le circuit **Aventure** ensemble. Timéo aussi, bien entendu. Acculés, Laurence et Pascal cédèrent à la pression populaire ;-)

C'est ainsi que Pascal alla chercher la poussette dans la voiture, car l'itinéraire **Aventure** était plus long : Il faisait presque tout le tour de la forêt d'Ermeville-sur-Conon. Mona ne pourrait pas marcher autant.

Le groupe de huit se mit en marche. L'épreuve de la première étape consistait en une question de botanique. Il s'agissait de reconnaître le nom d'un arbre. La feuille de route offrait cinq choix : Chêne, hêtre, sapin, robinier ou acacia. C'était simple, car à cette époque de l'année pour certaines essences les feuilles étaient tombées. Sans trop réfléchir, Anton et Léo se prononcèrent pour le chêne.

— C'est trop facile intervint Timéo, *regardez la forme des feuilles et les glands.*

— Ne t'inquiète pas, à mon avis les autres étapes risquent d'être plus difficiles répondit Pascal.

— Ba j'espère bien. C'est "Aventure" ce parcours tout de même !

— Ne fais pas trop le fanfaron, on verra, mais à mon avis certaines épreuves sont assez chaudes. À ce moment-là on verra si tu es aussi téméraire.

— Même pas peur rétorqua Timéo.

— Même pas peur répétèrent en cœur Anton et Léo.

— OK OK on verra sourit Pascal.

Chemin faisant, la discussion vagabondait de banalités en considérations générales sur l'éducation des enfants, l'école ou bien encore le travail. Les regards d'Aurélie et de Pascal se croisaient furtivement. Aucun des deux n'osait le soutenir.

Ils étaient maintenant bien avancés dans la forêt. Ils réussissaient, le soleil de ce vingt-et-un décembre réchauffait leurs joues. Le ciel comptait juste quelques nuages décoratifs.

Ils entendirent quelqu'un parler. Cela venait de la gauche, en avant du chemin. Laurence et les enfants s'égayaient précédant le reste de la troupe de quelques dizaines de mètres. Il faut dire que les étapes devenaient de plus en plus corsées, ce qui excitait Timéo.

Bastien, Aurélie et Pascal distinguaient seulement des bribes de ce qui était déclamé.

— ... *cette sainte femme ... tout esprit enfermé dans le langage est en prison ...*

Plus ils s'avançaient, meilleure était leur perception du discours.

— ... *l'esprit se meut dans un espace clos de vérités partielles ...*

Interrogatifs, ils se regardèrent. Ils se demandèrent mutuellement si l'un d'eux avait une idée de ce dont il s'agissait. Aucun n'en avait la moindre idée. Leur curiosité stimulée, et avançant de nouveau, ils captèrent ceci :

— ... *tout esprit enfermé par le langage est capable seulement d'opinions ...*

Ce discours ésotérique Aurélie et Pascal ne pouvaient l'ignorer, puisque tous deux étaient en recherche, ouverts à l'inconnu. Bastien, quant à lui, les accompagna pensant trouver là une distraction à cette longue promenade dans la nature. Devant, Laurence et les enfants étaient trop occupés à deviner au loin la prochaine étape du parcours **Aventure** pour avoir remarqué quoi que ce soit.

Enfin, un court chemin sur la gauche débouchant sur une clairière permit au groupe de trois retardataires de voir l'orateur en train de lire :

— *On n'entre pas dans la vérité sans avoir passé à travers son propre anéantissement ; sans avoir séjourné longtemps dans un état d'extrême et totale humiliation.*

Le silence se fit.

L'officiant était vêtu sobrement, sans toutefois donner l'impression de porter un uniforme. Debout derrière un simple pupitre. Simple, bien que marqué d'un cercle d'un noir incandescent, tant il se détache d'un halo de lumière blanche. Il fait face à une assemblée de quelques dizaines de personnes assises sur le sol pour la plupart. Il reprit finalement :

— *Aujourd'hui, nous fêtons ceux entrant dans l'âge de la recherche de l'ultime connaissance, celle de l'inconnaissable. En ce jour le plus court, celui du sacrifice vivifiant des produits de la terre, je vous demande d'écouter le message qu'a souhaité nous transmettre le Parleur Moustapha.*

Se retirant, le ministre du culte invita Moustapha à prendre sa place. L'homme se leva, se dirigea vers le pupitre et y déposa un large carnet. Il l'ouvrit et commença :

— *Mes frères, mes sœurs, mon message est simple, je suis un homme simple. Plus simple aujourd'hui que jamais auparavant.*

Je suis là devant vous pour livrer un message. Un message que vous pourrez interpréter comme vous voudrez. Recevoir ou ignorer. Parce que je n'ai rien à vous vendre désormais. Je me suis libéré de cela.

Ce que j'ai à vous délivrer, c'est juste mon expérience. Une expérience d'illumination, de libération, d'affranchissement. Alors, oui, vous devez le savoir, avant j'étais soumis. Une soumission douce certes, mais soumission tout de même. Les chaînes peuvent être tissées de la soie la plus fine, elles n'en demeurent pas moins des entraves.

La révélation pour moi, le déclic comme on dit, est venu lorsque j'ai lu cet aphorisme pour la première fois :
" Le Tao est tel un puits :
sans cesse utilisé mais jamais tari.
Il est comme le vide éternel :
empli d'infinies possibilités.
Il est caché mais toujours présent.
Je ne sais qui lui a donné naissance.
Il est plus ancien que Dieu."
Il est plus ancien que Dieu, répéta Moustapha, *il précède le maître du Ciel.*

Voilà la révélation, celle d'une profondeur inimaginable, inconnaissable ; supra-divine, pour employer un mot savant, mais précis, que je dois à notre Passeur.

Il se retourna brièvement en direction de l'orateur précédent avant de reprendre sa lecture :

Alors, sans renier en rien tout ce que je suis, tous ceux qui m'ont fait, tous ceux qui m'entourent, la Voie de la sérénité s'ouvrit devant moi. Celle du lâcher prise face au spectacle de ce Cosmos infini, conscient de mon rôle modeste dans cette pièce de théâtre. La Voie de la maturité humaine.

Pour la dernière fois, il leva les yeux de son carnet. Regarda l'assemblée pour leur dire :

Je suis toujours celui que j'ai toujours été. Pourtant, désormais débarrassé des bas intérêts, je suis pour la première fois vraiment moi-même, car c'est juste un voile qui s'est envolé. En contact direct avec le Cosmos, je suis dans la plénitude de mon Être.

Merci de votre écoute.

De chauds applaudissements firent comme un feu d'artifice. Pascal et Aurélie furent saisis, soulevés. Ils se regardèrent pour la première fois franchement dans les yeux. Ils communiaient.

Pendant ce temps, Bastien avait saisi son portable et effectuait une recherche sur ce mouvement spirituel. Mais c'était lent, le réseau n'étant pas fameux au fin fond de cette forêt.

Revenus sur terre, tous trois reprirent le chemin du parcours **Aventure**. Bastien parvenant enfin à accéder à Internet annonça :

— *Ce sont des illuminés. Ça s'appelle le "Tao Spirituel". Je les ai retrouvés grâce à leur logo sur le pupitre. C'est une branche du Tao qui diverge du Taoïsme en revenant à ses sources philosophiques tout en l'actualisant et en promouvant l'énergie vitale comme moteur du monde. Voilà ce qu'en dit le Web.*

Aurélie prolongea :

— *C'est intéressant. Je ne connaissais pas.*

— *Moi non plus*, poursuivi Pascal. *J'avoue que cela m'a impressionné.*

— *Oui. Moi aussi.* Puis s'adressant à Bastien : *Pourquoi dis-tu que ce sont des illuminés ?*

— *Tu vois pas leur truc de se réunir en pleine forêt pour prononcer des discours. C'est débile !*

— *Je ne vois pas en quoi c'est débile. Ce n'est pas commun, mais comment dire, en même temps c'est très humain.*

Pascal enchaîna :

— *Ce qui m'a frappé justement, c'est une impression de plénitude. De complétude. Comme une sérénité qui émanerait de chacun d'eux ainsi que du groupe pris tout ensemble ; et aussi de la gravité, du sérieux ; et encore une sorte de joie intérieure, enracinée dans le monde réel.*

— *Waouh* s'exclama Aurélie. *Tu en parles très bien. C'est tout à fait cela. Et sans doute plus encore, des choses qui ne passent pas par la parole. Qui s'adressent directement à ton être brut.*

— *Toi aussi tu en parles bien.*

— *Ouais, ouais* intervient Bastien, *vous ne m'enlèverait pas de l'idée qu'ils sont un peu barrés à l'ouest. Des illuminés quoi !*

Pascal n'osa pas répliquer. C'est Aurélie qui s'en chargea :

— *Je ne suis pas du tout d'accord. C'est tout le contraire. Ces gens n'offrent pas du tout l'image des illuminés des religions qui eux apparaissent toujours comme venir d'une autre planète ou agir par calcul. Cela se voit dans leurs yeux.*

Un peu après le groupe de huit se reforma. Timéo n'avait échoué qu'à une seule épreuve. Ils pique-niquèrent tous ensemble. Les discussions retournèrent autour de sujets plus triviaux. Laurence ne put toutefois s'empêcher de sonder leurs nouveaux amis à propos de la pandémie du Covid en évoquant l'inefficacité de la vaccination, la plupart de ceux parmi ces connaissances qui l'attrapaient maintenant étant vaccinés. Ce à quoi Bastien répliqua par une tirade mêlant le progrès, la modernité, les technologies, la science et finalement l'âge des cavernes. Il termina son plaidoyer par l'inévitable point Godwin centré pour l'occasion sur l'étiquette "complotiste".

Pascal avait saisi la main de Laurence bien avant qu'il ne termine. C'est avec peine et fureur que Laurence se refréna, lâchant seulement un :

— *C'est votre opinion. Pas la mienne. Et pour le moment, il nous reste encore la liberté de penser.*

— *Oui bien entendu* acquiesça Bastien de mauvaise grâce.

Laurence fulminait intérieurement car à vrai dire cette liberté de penser n'existait même plus puisque nombres d'entre elles devenaient pénalisées. En particulier celles affublées d'un nom se terminant en "phobe". L'égalité aussi était altérée, puisque deux catégories de citoyens étaient désormais d'usage : Ceux ayant un "pass" et les autres.
Elle reprit une cigarette et ouvrit une bière pour se détendre en faisant un peu de marche alentour.

Remis en route, ils arrivèrent finalement à la zone arrivée. Les enfants étaient ravis de cette sortie en forêt. Il n'y avait pas qu'eux.
Bastien et Laurence pour leur part n'étaient pas mécontents de rentrer.

10 – Sur le chantier

Comme petit entrepreneur, Pascal Tourneur dirigeait les chantiers de construction bois qui lui étaient confiés. Diriger cela voulait dire déjà commander ses ouvriers, en l'occurrence son ouvrier Eddy et assez régulièrement des gars en renfort soit en intérim ou comme stagiaire. C'était aussi concevoir, préparer, planifier les travaux. Et le plus pénible : Faire des devis… Sans se tromper… Fréquemment en pure perte, car le chantier était confié à une autre entreprise. Être son propre patron, c'est aussi gérer les relations avec les clients, les autres entreprises, les éventuels architectes et donneurs d'ordres comme Carlos, lequel lui confiait souvent des travaux en sous-traitance. Faire un peu de compatibilité aussi… Se tenir au courant de l'évolution des matériaux et des techniques également. Cela faisait beaucoup.

Alors, lorsque qu'il se retrouvait à travailler manuellement sur une construction, c'était un vrai plaisir. Faire quelque chose de ses mains, au fond, c'était ce qui lui avait toujours plu. Il avait quitté ses études de droit pour cette raison. Malgré ses parents le voyant (grand) avocat, il avait laissé tomber dès la licence passée. Il préférait le travail manuel, voilà tout. Passer sa vie dans les dossiers, derrière un bureau : Non merci !

Toutefois, il ne regrettait pas ce parcours presqu'imposé. Amoureux de la lecture, ou plus exactement des idées, de la philosophie en vérité ; cette formation lui avait donné de bonnes bases dans cette discipline, il faut dire qu'il était parvenu à négocier avec ses parents de suivre le cursus double licence droit-philosophie. C'était aussi utile pour certaines de ses tâches d'entrepreneur.

Enfin, c'était de l'histoire ancienne : Il y a plus de quinze ans maintenant. Travailler de ses mains. Voir le résultat de son ouvrage, de sa besogne parfois aussi bien sûr, le satisfaisait. Mais peut-être plus encore le processus de fabrication le contentait, celui de voir la matière se transformer, prendre forme sous son action.

Mieux, le travail manuel offrait souvent l'occasion de rendre son esprit disponible au vagabondage philosophique. Durant ces moments, les idées lui venaient avec fluidité. Pas seulement, par le raisonnement, mais aussi par une sorte d'intuition. Sur un sujet lui venant à l'esprit, Pascal partait des faits qu'il constatait et essayait alors d'en trouver la cause la plus vraisemblable. Quitte à abandonner cette hypothèse si elle ne tenait pas la route, si d'autres faits contredisaient son intuition initiale. Il avait lu que certains philosophes considéraient que c'était même la seule manière d'inventer quelque chose de nouveau. Cette affirmation rassurait l'être humain qu'il était, pour une fois, en ces temps où la Barbarie transhumaniste menaçait.

— C'est pas demain la veille que les machines auront de l'intuition !

En définitive, toutes ces activités, manuelles et intellectuelles, l'accomplissaient en tant qu'Homme.

Les événements de la dernière période donnaient de la matière à moudre à son esprit. D'un côté bien sûr, la Barbarie de ce monde. Une Barbarie qui enflait chaque jour un peu plus. Lui et sa femme Laurence baignaient dans ces constats depuis un long moment déjà. Au-delà des explications plus ou moins farfelues, de la recherche d'un bouc-émissaire, si fréquentes dans l'histoire ; Pascal préférait s'en tenir aux faits avérés. Observables. Incontestables. Cela suffisait bien à justifier de la nécessité de changer de système. En outre, il évitait ainsi de se décrédibiliser aux yeux du plus grand nombre des relations autour de lui.

Pour autant, ces constats à propos de la situation présente n'étaient qu'un point de départ si l'on envisageait de changer le système. Ce qui le taraudait, c'était le point d'arrivée. Quel modèle de société ? Et par-dessus tout, quel moteur profond animait le monde ?

Sans répondre d'abord à cette dernière question, aucun modèle de société ne vaut. Alors comment savoir sinon si il est bien en adéquation avec le sens de rotation de ce moteur de l'histoire ! Aucun Espoir d'échapper à la Barbarie ne peut émerger. Et sans Espoir, sans **nouvel Espoir**, nulle évolution positive ne peut se produire. Rien d'autre n'adviendra que de nouvelles Barbaries s'ajoutant, multipliant celles du présent.

Voilà où il en était de ses réflexions avant la survenue des événements récents.

Il faut dire qu'il venait de découvrir deux choses troublantes. La première, c'était lorsqu'il avait regardé sur **VideoNet** des émissions de Stéphane Debove[4]. Que disait-il déjà ? Qu'avait découvert son équipe de recherche ?

Oui. Il avait noté cela sur son calepin. Il s'interrompit un moment dans son travail, sortit de sa poche son portable et ouvrit les notes pour relire :

Sommes-nous précâblés pour être moraux ?

Il se demande si nous sommes capables d'identifier le bien et le mal aussi bien que nous distinguons immédiatement un chat d'un chien. Ses recherches révélaient un sens moral similaire à l'audition ou à la

---

[4] Stéphane Debove est biologiste et docteur en sciences cognitives. Il est l'auteur du livre "Pourquoi notre cerveau a inventé le bien et le mal ?" et le créateur de la chaine "Homo Fabulus".

vue. Il serait comme eux rapide et inconscient. Comme on ne peut pas s'empêcher de voir ou d'entendre, on ne pourrait pas non plus éviter de sentir ce qui est bien ou mal.

Il avança un peu dans sa lecture :

Il suggère que les gens se comportent comme si ils avaient signé un contrat avant leur naissance. Comme si ce contrat moral avait été sélectionné par l'évolution de l'espèce humaine, à la fois naturelle et sociale. Et qu'on le retrouve à l'identique chez tous les êtres humains.

Il sauta à la fin de ses notes :

La morale est-elle une propriété de l'univers ?

Il conclut que oui. Un extraterrestre aura le même sens moral que nous. Il constate que le but ultime des êtres vivants est de maximiser leurs chances de survie et de reproduction. En d'autres termes, il identifie la possibilité de l'énergie vitale comme loi objective de tout l'univers.

Les conclusions de ces études tranchaient avec ce qu'avançait nombre de philosophes depuis l'antiquité positionnant la recherche du "Bonheur" comme le moteur de tout être humain. Le bonheur, ou l'utilité, cela ne changeait pas grand-chose en définitive. Et si le véritable moteur venait de l'énergie vitale au lieu du bonheur ?

Une foule de courants de pensée, plus ou moins directement, semblaient accréditer cette explication. En commençant par les épicuriens[5] et aboutissant aux philosophes allemands, surtout ceux du XIXème siècle. La poursuite du bien-être, du bonheur, si difficile à définir, ne serait alors qu'un subterfuge de l'évolution de l'espèce humaine pour nous manipuler, un peu comme la jouissance…

---

[5] Au sens originel des élèves d'Epicure.

Sa seconde découverte récente était plus bouleversante encore : Simone Weil. La philosophe Résistante proche de De Gaulle morte en Angleterre en 1943. Il avait déjà entendu parler d'elle bien sûr. Mais elle était généralement considérée comme une philosophe mineure. De second ordre. Il ne s'était donc jamais vraiment intéressé à son discours. Suivant le conseil d'un ami, il avait pourtant lu son livre *"l'Enracinement"*. Une révélation pourrait-on dire ! Elle, cette pacifiste convaincue avant la guerre, était devenue Résistante face à la Barbarie hitlérienne de son époque. Une époque si proche. Il ne pouvait s'empêcher de s'identifier à elle, à sa trajectoire de pensée. À rapprocher les environnements Barbares dans lesquelles elle comme lui étaient plongés.

Ce livre est sous-titré *"Prélude à une déclaration des devoirs envers l'être humain"*. Oui, c'est bien cela qui manque aujourd'hui : Le respect de l'Homme tel qu'il   est.
À l'opposé de tous ces marchands réduisant tout à la marchandise. Il faut vendre tout. Tout doit être à vendre. L'Homme lui-même est réduit à une marchandise, en entier ou à la découpe. Pascal les entend déjà, comme si ils étaient dès à présent à côté de lui :
— *"Achetez mon embryon, il est pas cher ; promotion sur les reins ; deux seins pour le prix d'un"* :
Quelle horreur !

Réaffirmer l'Homme comme la base de toute société, voilà une sacrée première pierre sur laquelle construire. Les *besoins du corps et de l'âme*, comme les nomme Simone Weil, les affirmer d'abord comme inaltérables, inviolables. Mais également les poser, les inscrire, les spécifier en détails. Pas à la manière erronée et fallacieuse de la *"Déclaration des Droits de l'Homme et du Citoyen*". C'est l'attrape-nigaud dans lequel nous sommes piégés aujourd'hui.

Non. De manière étayée, fondée, inoxydable d'abord. Mais aussi précise. Détaillée. Comme l'a fait Simone Weil justement dans cet ouvrage. Nombreux furent les intellectuels de son époque impressionnés par elle. Certains l'estimaient même comme le "*Seul grand esprit de notre temps*".

Cette révélation avait remis en cause pas mal de certitudes instillées en lui par le monde moderne. Ce monde Barbare et décadent. Quoi de plus normal au fond.

Et puis il y avait aussi les derniers événements en Magésie. Là où après avoir cherché, le Peuple expérimentait la **Démocratie Directe**. La **Première Démocratie**. Une première dans l'histoire de l'humanité. Cela bouleversait tout. Pas seulement en Magésie, mais par ricochet dans l'ensemble de cette région d'Afrique, voire à l'échelle de la planète tout entière. Un Espoir se faisait jour. Pascal suivait ces événements de près et avec enthousiasme. Cela le changeait de la situation déprimante de la France.

De leur côté, les USA et leurs vassaux étaient bien embarrassés. Eux, qui se targuaient d'être le pays le plus démocratique du monde, se trouvaient débordés sur leur propre terrain. Soi-disant leur propre terrain, puisqu'en vérité, leur démocratie n'est qu'une mascarade pour choisir quel courant au sein de la classe Haute Bourgeoise sera aux manettes. C'est pourquoi dans les médias du système, ici en France et sans doute dans tous les pays dit "occidentaux", on rabâchait à l'envie qu'en Magésie le pouvoir légitime était renversé par l'anarchie. Que les Russes et les Chinois avaient monté un coup. Qu'il fallait envisager "d'intervenir" pour rétablir "l'état de droit". Cela, et toute autres sornettes destinées à préparer l'opinion à des sanctions, voire à une action militaire.

De son côté, Pascal ne discernait pas trop comment le pays était gouverné maintenant. Un grand nombre d'Agoras citoyennes s'étaient mises en place en Magésie. Mais pas partout à ce qu'il avait compris. Toutes les décisions devaient être prises par ces Agoras. L'Administration du pays semblait livrée à elle-même au quotidien. Les ministères étaient occupés par le Peuple, mais visiblement, la plupart des hauts fonctionnaires étaient restés en place. Pascal se demandait si ce n'étaient finalement pas ces personnalités qui exerçaient véritablement le pouvoir ? Sous le contrôle du Peuple, sans doute. Pour le moment.

Il avait bien remarqué qu'un certain Élias Tréboua, toujours accompagné de sa compagne Leila Tierbassa, avait milité pour une autre voie, plus organisée. Le couple proposait une Constitution instituant le contrôle populaire comme pouvoir suprême. Visiblement ils avaient été écartés. Le Peuple Magésien ne voulant pas voir de chef, de leader émerger. Le Peuple exigeait d'exercer directement le pouvoir sans intermédiaire. Après toutes ces années d'autoritarisme, cela se comprenait aisément. Il ne voulait pas se faire voler sa révolution.

Et puis il y avait eu cette promenade dans la forêt l'autre jour. Il en gardait un souvenir de paix. Une impression rarement ressentie. Était-ce le cadre champêtre, l'amusement des enfants, cette cérémonie dont ils avaient été témoins ou bien d'avoir cheminé tous ensemble, avec Aurélie ?

Un peu de tout cela sans doute.

Lui qui était athée depuis toujours, avait été troublé par cette assemblée des adeptes du **Tao Spirituel**. Ces gens apparaissaient pleins d'une chose qui jusqu'ici ne lui avait jamais manqué : La spiritualité. De les avoir vus semblant à la fois parfaitement éveillés au réel, mais également pleins de ce que l'on appelle sans doute la transcendance ; lui pourtant épanoui personnellement, dans son travail et avec sa famille ; il ressentait désormais comme un vide inédit en lui.

Cette sensation de manque, elle s'étendait pareillement à une communion avec un être cher.

11 – En ville

Aurélie aussi ressentait un manque. Sa vie avec Bastien la satisfaisait de moins en moins. Leurs trajectoires respectives s'éloignaient chaque jour un peu plus. Inéluctablement. Sans reproche. Sans violence. Sans amour.

Elle faisait juste le constat d'une route arrivant à une bifurcation. Ils n'étaient tout simplement plus sur la même longueur d'onde. C'est ainsi qu'elle révéla à Line qui l'accompagnait pour une sortie shopping dans le centre de la métropole :

— *Je me sens lasse, tu sais.*

— *Ah bon, pourquoi ?*

— *Ba tu sais avec Bastien j'ai l'impression que plus ça va, moins on a de choses en commun.*

— *C'est normal… Vu la différence d'âge…*

— *Tu peux parler toi ! Comme si tu étais un modèle de vie en ligne droite !*

Amies depuis la petite enfance, elles pouvaient se permettre cette discussion en mode cash entre elles. Leur amitié était ancrée en elles. Oh, Line et Aurélie s'étaient bien déjà fâchées plusieurs fois. Pourtant, à chaque fois, l'une des deux avait fait le premier pas pour renouer les liens. Elles étaient en compagnonnage de vie, tout simplement, ne pouvant faire l'une sans l'autre : À qui d'autre se confier sinon ?

Après un moment, Aurélie repris :

— *Nous ne sommes pas mariés, heureusement.*

— *Ah ouiiiii, tu en es à ce point d'envisager une séparation.*

— Ce qui m'embête, c'est pour Anton. Et aussi tout ce que nous avons en commun : Les meubles, voiture et compagnie. Ce serait bien si il y avait un "système" qui permette de se séparer simplement lorsque l'amour s'éteint. En plus avec les parents de Bastien, cela risque d'être compliqué. Ils vont sûrement bien le remonter contre moi.

— Ça ne fera pas un pli, c'est sûr. Line relança, *Tu sais ce Bastien ce que j'en pense. Et cela ne date pas d'hier.*

— Oui, oui, je sais. Cela ne suffit pas d'être un beau gosse, même si en plus il a une belle situation.

— Gosse, c'est le mot juste, renvoya Line.

— Oh écoute, si tu veux jouer à cela, on peut y aller. Chez toi, ce sont les "gosses" qui te gouvernent. Tu n'es même pas maître chez toi. Tu te fais mener par le bout du nez par Sandy et Aurore. Surtout par Aurore d'ailleurs. C'est elle qui commande. Tu lui demandes son avis sur tout. Une gamine de cinq ans ! Je rêve. Mais où est-ce que tu as vu ça ? Dans quel monde vit-on si ce sont les enfants qui dirigent les adultes ?

— On n'est plus au moyen-âge, répliqua Line.

— Tu parles, avec des parents comme cela, on y retourne direct au moyen-âge.

Cette montée aux extrêmes de la discussion avait atteint le point où toutes deux savaient qu'il valait mieux calmer le jeu. Il tombait bien qu'elles arrivent devant une des boutiques de vêtements féminin qu'elles adoraient toutes les deux. Elles se rabibochèrent en discutant chiffon.

Chemin faisant, elles passèrent devant un magasin de presse dont la devanture laissait voir le magazine sur le transhumanisme qu'Aurélie avait vu l'autre fois. Celle-ci annonça :

— *Tu vas pas me croire. Je l'ai achetée l'autre jour* cette revue. *Là.* Fit-elle en la montrant du doigt.

— *Transhumanisme. Ho, Ho, tu es devenue une intello maintenant ? C'est Bastien qui t'a contaminée,* rebondit Line rigolarde.

— *Ça va, ça va. Non, tu sais, c'est vrai que je me pose des questions.*

— *Ce doit être un effet de l'âge,* dirent-elles en cœur et en riant.

— *Bon, j'ai pas tout lu. Mais il y a une phrase qui m'est restée : "l'immortalité supprime le futur". Et celle-ci aussi "supprimer la mort, donc la vie". Cela me fait froid dans le dos.*

— *C'est tous des cinglés ceux-là. Qu'est-ce qu'ils cherchent ? À devenir des dieux ? C'est des malades,* exprima Line pour une fois lucide. *Que vont devenir les enfants ? Il n'y en aura plus. Il n'y aurait plus que des vieux. Plutôt mourir !*

— *Oui. Je suis d'accord. Comment ces gens qui se disent intelligents, instruits, cultivés, ne le comprennent-ils pas ? Sont-ils à ce point déconnectés, déshumanisés, dénaturés ?*

— *On est comme dans un bus qui roule de plus en plus vite. Un bus sans chauffeur.*

Aurélie repensa à Laurence avec laquelle elle avait un peu discuté l'autre jour en forêt. Elle se surprit à considérer qu'elle avait peut-être raison. Ce qui la rassura, c'est Line, oui Line la transgressive, qui était aussi du même avis.

Elles entrèrent dans le **Balto** par la porte latérale pour prendre un café et des cigarettes. Elles s'assirent puis Line commanda un café et un chocolat chaud pour Aurélie. "Un vrai", précisa-t-elle, connaissant les habitudes, devenues de luxe depuis son compagnonnage avec le fortuné Bastien, de son amie d'enfance. Ceci fit sourire Aurélie.

Elles papotaient de choses et d'autres tout en regardant les passants passer. Cela leur procurait un sujet de conversation lorsqu'un temps mort survenait.

— *Tiens tu as vu celle-là : Qu'est-ce qu'elle est moche*, riaient-elles ensemble.

Ou bien :

— *Pas mal Môssieu muscle de l'autre côté*, rêvait l'une d'elles quand l'autre faisait la fine bouche d'un

— *Mouais, mouais, pas mal.*

À un moment, surgirent trois jeunes musulmanes avec voile et grande tenue les couvrant de la tête aux pieds. Line manifesta :

— *Tu les as vues celles-là avec leur voile et leur tchador ? Elles me dégoûtent. Bonjour les droits des femmes. Soumises à Dieu. Soumises tout court oui ! Je n'en peux plus de les voir. Elles cherchent à s'imposer. Sinon pourquoi s'habillent-elles comme cela ? Est-ce que je me promène dans la rue avec un T-shirt "Allah n'existe pas" ? C'est du militantisme permanent. Une pression sur la société. Sur toutes les femmes, pour qu'elles restent à la place qu'on leur a assigné. Une pression sur les femmes d'origine arabe.*

Cela m'insupporte.

Aurélie savait que Line n'était pas trop multiculturaliste, pourtant cette tirade l'avait malgré tout surprise. Son ton surtout. Comme si la limite du supportable avait été atteinte. Comme si des actes allaient bientôt prolonger ses paroles intransigeantes.

— *Cela vient du cœur on dirait.*

— *Oui. Toute ma vie a été construite autour de la libération des femmes alors de voir cela me met de plus en plus hors de moi.*

— Je comprends, je comprends. Mais bon, c'est leur identité, tu sais, tenta Aurélie.

— Tu ne vas pas leur donner raison tout de même. Écoute, il y a quelques dizaines d'années leurs mères étaient plus libérées. Elles s'habillaient à l'Européenne. Et maintenant, leurs filles, de jeunes filles, sont comme ça. Excuse-moi, mais pour moi c'est une régression. Un retour en arrière. Une Barbarie.

— Je me suis aussi posé la question de savoir le pourquoi de ce phénomène. Je crois que c'est une recherche d'identité. Une manière de se reconnecter à leurs racines.

— Je ne dis pas qu'elles doivent se couper de leurs racines ou de leur culture d'origine. Mais en même temps, si on veut s'assimiler, faire peuple, ici en France, elles se doivent de suivre les us et coutumes d'ici. Ou alors c'est qu'elles cherchent à imposer la leur. Et là, c'est autre chose.

— Oui, c'est sûr. C'est toute la difficulté du multiculturalisme.

— Mais le multiculturalisme ça ne marche pas enfin ! Ça finit toujours par des affrontements, par des guerres. Regarde, c'est partout comme ça : au Moyen-Orient, en Inde, en Ukraine, en Amérique aussi. Tiens même en Amérique du Sud il y a des problèmes entre les Indigènes et les descendants des colons espagnols. Alors...

Aurélie encaissa cet argument. Elle songea aussi au génocide du Rwanda, mais n'en dit rien pour ne pas apporter de l'eau au moulin de Line. Après un moment de réflexion, elle se surprit à dire :

— Je crois aussi que bon nombre d'étrangers, et peut être surtout les enfants d'étrangers, se rendent compte de la dégradation, pour ne pas dire dépravation, dans laquelle nos sociétés occidentales semblent plonger

chaque jour un peu plus. Je me demande si ces jeunes filles ne retournent pas à la tradition pour échapper à cette trajectoire ?

Là, ce fut Line qui se sentait prise au piège. Comment ne pas faire le lien avec leur conversation du début à propos de sa relation avec ses enfants ? Et puis aussi avec son mode de vie, disons libéré, très libéré. Elle se rembrunit un peu avant de rétorquer :

— *Tu dis cela pour moi ?*

Aurélie piqua un fard. Elle avait prononcé ces paroles de manière presque inconsciente, automatique. Elle nia la moindre arrière-pensée, ce qui était vrai, tout en sachant intérieurement que le lien entre ces paroles générales et la vie particulière menée par Line était évident. Elle emmena la discussion sur un autre sujet en proposant de continuer leur pérégrination dans le centre-ville.

Ce soir-là, de retour à la maison, Aurélie repensa à cette journée, à ses conversations avec Line. C'était étrange. Habituellement, elles évoquaient rarement ensemble ce type de sujets plus ou moins politiques. Ce n'était pas trop leur genre à toutes les deux. Tout cela la questionnait sur sa propre identité. Elle était Française bien sûr. Européenne aussi. Bastien était un Européen convaincu. Tous les deux reprenaient également à leur compte l'expression "Citoyen du monde". Sans trop y réfléchir.

Mais cela voulait dire quoi au juste être "Citoyen du monde" ? Citoyen du monde, d'autre part, de nulle part ? Comme les migrants ? Sa certitude avait mué : Elle était devenue floue.

Pour être Citoyen, ne fallait-il pas avoir "droit de cité", de voter, de participer aux décisions ? Et aussi d'avoir un devoir de solidarité, de communauté, de fraternité ? Cela ne supposait-il pas aussi une certaine proximité, notamment géographique ? Et du moins d'avoir une identité partagée, un ancrage commun ?

C'était bien compliqué tout cela pour Aurélie. Il fallait qu'elle en discute avec une autre personne. Quelqu'un avec lequel elle puisse s'ouvrir en confiance. Elle repensa à Pascal. Il avait l'air de maîtriser tous ces sujets. Plus qu'elle en tout cas. C'est du moins l'impression qu'il lui avait faite.

Il faudrait s'arranger pour parler de tout cela avec lui, pensa-t-elle. Fouillant dans son sac, elle retrouva la carte que Pascal lui avait confiée plusieurs mois auparavant.

Elle avait bien fait de la garder.

12 – À la cantine

— *Vous avez-vu ce que va faire Elton Misk ?* lança Bastien

— *Non* hochèrent les autres.

— *Il va se lancer dans les bateaux. J'ai vu ça sur une vidéo de **"The Cassoulet Garage"** qui suit de près tout ce que fait Elton Misk.*

— *Ah, dans les bateaux !*

— *Oui, écoutez ça, c'est incroyable : Il va juste révolutionner cette industrie comme il l'a déjà fait pour l'automobile et le spatial. Alors en gros le concept, c'est de faire des bateaux, des cargos de transport de fret plus rapide et plus économique. Le bateau, plutôt que de flotter bêtement avec la traînée que cela représente dans l'eau, l'idée c'est de le faire voler à quelques centimètres de la surface. C'est le concept de l'hydrofoil, vous savez. Il y a déjà eu pas mal de bateaux expérimentaux comme ça. Vous en avez sûrement déjà entendu parler. Eh bien là, il veut adapter le principe pour de gros cargos de transports de marchandises.*

— *Waouh, c'est impressionnant,* réagit son collègue Julien, *mais comment compte-t-il faire ? Cela apparaît très difficile de soulever un cargo. Cela pèse des milliers de tonnes.*

— *C'est là que c'est vraiment génial.* Bastien s'interrompit pour manger un peu et se verser un verre d'eau.

Assis autour de la table du déjeuner, tous l'écoutaient religieusement, étaient pendus à ses lèvres. Il faut dire qu'à l'informatique, la plupart des travailleurs étaient technophiles. Toutefois, ils l'étaient à des degrés divers.

Et souvent, l'âge venant, l'expérience des réinventions et autres innovations "qui allaient tout changer" pour faire flop quelques années plus tard, faisait relativiser l'intérêt de ces nouvelles technologies. Elles finissaient par s'empiler les unes sur les autres créant un fatras indémerdable.

Les internes, c'est-à-dire ceux employés directement par la société **EuroDext**, mangeaient presque tous le midi à la cantine. Au restaurant d'entreprise, pour ceux soucieux de se distinguer de la plèbe. Il faut dire que les autres, les prestataires, intérimaires et autres CDD, déjeunaient sur le pouce ou commandaient un **"Livre sur Roues"**. Il y avait à table Bastien et son équipe, dont Julien et Cyril le taciturne administrateur de base de données, mais aussi quelques collègues ou anciens collègues comme Firmino et Alice.

Bastien reprit enfin, son assistance n'y tenant plus :

— *Il va créer un bateau avec une partie mobile qui va descendre sous l'eau. Cette partie est profilée pour offrir le moins de résistance possible à l'avancement. Un peu comme un sous-marin. Une quille mobile en quelque sorte. Comme cela, la coque va se trouver soulevée par la poussée d'Archimède.*

Les autres en restaient cois. Il poursuivit.

— *Mais ce n'est pas tout. C'est dans cette quille mobile profilée que va se trouver toute la machinerie et les réservoirs. Comme cela la coque où se trouve la cargaison est totalement séparée de toute l'infrastructure technique.*

Et vous n'êtes pas au bout de vos surprises.

Comme la coque est libérée de toutes ces contraintes techniques elle peut être optimisée pour recevoir des containers. Containers pouvant être conçus pour recevoir des marchandises en vrac. Autre révolution.

Il se nourrit un peu avant de reprendre :

— La propulsion principale se fera par une turbine à hydrogène, pour un meilleur rendement. Il y a aussi des batteries et des moteurs électriques orientables de forte puissance pour réaliser les manœuvres. Ces moteurs électriques fournissent également le surcroît de puissance nécessaire pour faire "décoller" le bateau, pour qu'il passe en mode hydrofoil. En régime de croisière, ils sont arrêtés et rétractés dans la coque sous-marine.

Bien entendu, le bateau ne comporte pas d'équipage et est entièrement automatisé et autonome. Un centre de contrôle basé à Los Angeles aux "States" est prévu pour gérer toute la flotte. La communication se fait par satellite en utilisant le réseau mis en place par Elton Misk. Hé oui ! Il y a juste un minuscule poste de commande télescopique pour permettre à un pilote de manœuvrer l'engin dans les zones à l'accès un peu délicat.

Alice et Firmino étaient impressionnés et enthousiasmés par toutes ces annonces. Cet Elton Misk était vraiment génial. *"Il révolutionne tout ce qu'il touche !"* s'excita Firmino.

Ce projet faisait aussi forte impression à Julien. Même si il se disait intérieurement qu'Elton Misk n'avait pas connu que des succès. Un paquet d'investisseurs perdirent des fortunes dans certains de ces projets avortés, abandonnés dans la plus grande discrétion. Bon. Mais ce n'était pas le moment de toucher à l'idole de la technologie "Saint Elton Misk".

Le reste du repas se poursuivit ainsi en discutant de tel ou tel aspect technique du projet de "cargo volant".

Arrivés plus ou moins tous au désert, Julien osa :
— Si cela se fait, a-t-on mesuré les impacts de cette technologie sur la société ? Les répercussions sur les

ports, grands et surtout les plus petits, sur les PME, les dockers et les autres ouvriers, la navigation sur les mers, l'alignement sur cette technique dans tous les pays.

Pour ma part, je trouve cela choquant qu'un seul homme, ou même une seule entreprise, ait les moyens d'imposer au monde entier sa technologie. Cela crée de fait un monopole.

— *Peut-être,* répondit Bastien, *mais la concurrence permettra à celui qui le veut de proposer autre chose de mieux au marché.*

— *Heu monopole, ça veut dire ce que ça veut dire tout de même... Mais admettons. Ainsi, tu pars du principe que le seul moyen d'agir passe par le marché. Faut-il déjà en avoir les moyens : Tout le monde, tous les pays même, n'ont pas la capacité de concurrencer les multinationales, surtout si elles sont américaines ! Et je n'évoque même pas les petites entreprises. Tout cela tu le sais bien.*

— *Oh écoute, c'est comme ça. C'est le monde d'aujourd'hui. C'est le marché qui tranche. Sinon, c'est le communisme et on voit ce que cela a donné,* répliqua Firmino.

— *Certes, mais n'y aurait-il pas une voie intermédiaire ?*

— *C'est cela ou l'économie administrée. Bonjour l'efficacité des administrations !* Rebondit Bastien déclenchant l'hilarité de ses comparses. Il poursuivit ainsi :

— *Julien, penses aux économies d'énergie obtenues grâce à cette technologie. À cela s'ajoutent celles réalisées par l'optimisation des parcours des bateaux. Il y a aussi les personnes d'équipages libérées de la navigation sur des cargos. Elles pourraient trouver à s'employer à quelque chose de plus utile. Tiens, ils pourraient se recycler dans le secteur de l'environnement.*

— As-tu de ton côté réfléchi à l'effet rebond que cela pourrait entraîner ? Une réduction des coûts du transport maritime permettrait d'augmenter le trafic. Booster ce secteur, favoriser les biens venant de l'autre bout du monde, et au final augmenter l'impact sur l'environnement !

Bastien n'avait jamais envisagé la question selon cet angle. D'autant plus qu'il adhérait pleinement au discours écologique diffusé dans les médias. Il finit par concéder :

— Tu n'as pas tort sur ce point. C'est aux politiques de s'occuper de ces impacts sur la société. C'est leur rôle non ? Ils doivent mettre en place les réglementations évitant cet effet boule de neige.

— Effet rebond !

— Oui, effet rebond !

— Tu fais bien d'évoquer la politique, repris Julien, *quand je pense à une voie intermédiaire, c'est nécessairement de cela qu'il s'agit. Ce qu'il faudrait, c'est arriver à concilier d'une part l'esprit d'initiative et d'innovation et d'autre part à encadrer leur développement pour éviter les impacts délétères. Pour réfléchir et décider démocratiquement avant un déploiement à grande échelle. Pas évident...*

— Oui, sans doute. Le monde est ce qu'il est, conclu Bastien en se levant avec son plateau, *et tu sais, on ne peut pas arrêter la technique, le progrès. Si ce n'est pas l'un qui le fait, ce sera l'autre.*

Cette dernière remarque, Julien l'avait déjà entendue dans d'autres bouches. À vrai dire, il se la faisait aussi cette réflexion. Il n'avait pas d'argument à y opposer. Cela, ajouté à son interrogation sur la possibilité d'une voie intermédiaire entre économie de marché et économie administrée, le laissait dans l'expectative.

13 – À la Mairie

Il faisait beau, cela sentait le printemps quand Sylvie arriva ce matin-là à la Mairie d'Ermeville-sur-Conon. Elle n'avait pas besoin de cela pour être de bonne humeur. Sylvie l'était toujours. D'ailleurs, tous ses collègues l'appréciaient. Elle était marrante. Son coté "Madame sans gêne", directe et joviale, faisait tout son charme. D'ailleurs, tous lui passaient ses audaces. Le Maire comme les autres. Pourtant, elle ne se privait pas, notable ou pas, de dire directement ce qui lui passait par la tête. C'est cette ingénuité, et un physique agréable, qui faisait que tous, non pas lui pardonnaient son toupet, mais en tombaient séduits. Son caractère, elle le tenait sans doute en partie de ses origines nordistes.

Elle traversa le hall de la Mairie, salua tous les préposés présents, monta les escaliers, elle ne prenait jamais l'ascenseur, elle était claustrophobe, marcha jusqu'au bureau du logement, tout en faisant quelques arrêts pour dire bonjour à ses copines et à quelques soupirants.

En entrant, elle alla serrer la main de Laurence qui était déjà arrivée. Elle faisait la gueule comme tous les jours. En fait, Sylvie avait même l'impression que chaque jour elle faisait un peu plus la gueule. Ce qui constituait un exploit.

— *Tu veux un café ?*
— *Non, merci, j'en ai déjà pris un.*

Sylvie quitta le bureau pour aller prendre un café dans le bureau de l'état-civil. Elle l'appelait toujours comme cela, même si le nom officiel était devenu "Direction de la Citoyenneté et des Affaires Éducatives". Cela la faisait rigoler, ces noms pompeux. Près de la machine à café, le journal du coin titrait "***3 morts au couteau à Tours***" avec pour sous-titre "***Deux femmes et un homme ont été mortellement blessés au couteau rue du Poirier à deux pas de la place Plumereau à Tours. Toutes les hypothèses sont envisagées par les enquêteurs, à ce stade, la piste terroriste n'est pas privilégiée***". Elle aimait bien suivre les faits divers, les affaires criminelles dans la presse et à la télé.

Elle discuta un peu de cela avec ses collègues alentour. L'une d'elles disait avoir vu le nom du suspect sur Internet : Un certain Rashidoevs. Un réfugié d'origine tchétchène.

Elle demanda si elle pouvait emmener le journal, les hochements de têtes l'y autorisèrent.

De retour au bureau du logement (officiellement "Direction du Logement et de l'Habitat"), Sylvie entreprit la lecture de l'article sur les assassinats de Tours. Puis, elle demanda à Laurence :

— *Tu as vu ça à Tours ? Les trois morts. On m'a dit que ce serait un Tchétchène qui aurait fait le coup. Ils disent que la piste terroriste n'est pas privilégiée. Je n'en crois pas un mot. Ce n'est pas la première fois, non ! Ils sont pas mal fanatiques ces réfugiés. Si ils ont fui leur pays, c'est que Poutine avait des raisons de les poursuivre, tu crois pas ?*

— *Oui peut-être*, maugréa Laurence.

— *Et puis, tuer au couteau, c'est signé, n'est-ce-pas ?*

Laurence se décida à sortir de son activité pour rétorquer :

— Ha, tu crois cela toi ? Qu'est-ce que l'on en sait en réalité ?

Qu'est-ce qui te dit que ce n'est pas organisé... Voulu tout cela ?

Cela tombe justement au moment où le gouvernement est en difficulté sur la nouvelle réforme des retraites. Tu crois que c'est un hasard qu'ils ouvrent ainsi un autre front ?

Sylvie resta interdite devant cette question. Laurence poursuivit :

— Moi, je vais te dire : Je n'en crois pas un mot.

Certains pensent qu'il n'y a qu'un seul front.

De plus un front invisible.

Tous ces événements, que tu les appelles terrorisme ou autrement, ce sont juste des nuages de fumée. Bien sûr, pour cacher le seul front réel, le front invisible, non-détectable par les masses ! Appelle-le le front Z !

D'ailleurs, ces trois personnes-là, à Tours, sont-elles vraiment bien décédées ?

S'en était trop, Sylvie, fidèle à son tempérament, répondit du tac au tac :

— Bla-bla tout cela. Moi, je reste sur le réel, pas sur des supputations plus ou moins fumeuses. Ils auraient inventé des morts dans la rue à Tours. N'importe quoi. Il y a des témoins des assassinats. Le réel est assez Barbare pour ne pas se disperser dans les diversions de mains invisibles.

Lancée sur sa trajectoire, Laurence ne s'en laissa pas compter :

— Ils ont été à la morgue tes témoins ? Non. Alors...

Oh que si, Sylvie, oh que si qu'il faut analyser le passé et le présent pour se faire une idée du futur.

Tu peux appeler cela "supputations" mais "théorie" est le bon terme. C'est indispensable de se faire des théories et de retenir les plus probables. Si on ne le fait pas, on subit en permanence.

C'est un peu ce qui se passe pour la résistance et l'opposition citoyenne. Toujours au moins un coup de retard !

Cela se voit avec les collectifs qui nous indiquent que si on ne fait rien, on risque la Barbarie. Un coup de retard, au minimum ! Mais surtout, des années de retard, des décennies !

De notre côté, nous pensons que le front est ouvert depuis très longtemps. D'une manière hyper visible depuis les élections de la dernière décennie, puis les Gilets Jaunes, puis la pandémie, et bientôt les Jeux, la coupe du monde, l'événement le plus grave ! Le nombre de victimes est à chaque fois plus lourd.

Mais, selon la métaphore de la grenouille, on s'habitue à tout. Même au pire. Surtout au pire ! Par exemple, un chaos mondial, dans trois mois.

Et pour le front, le premier, le seul, de manière secrète, depuis plus de cent ans !

Sylvie était passée de la réplique à l'amusement. Elle se demandait jusqu'où Laurence irait dans son délire éveillé. Elle remit une pelletée de charbon dans la chaudière, en questionnant avec naïveté :

— Ha bon. Cette machination remonte à si longtemps que cela ?

Ne s'apercevant en rien de l'étincelle malicieuse dans les yeux de son interlocutrice, Laurence s'engouffra tête baissée :

*— Tu n'imagines même pas. Depuis bien plus longtemps encore. Des siècles et des siècles. Voire plus. Heureusement pourtant la France est protégée. Ce n'est pas un pays comme les autres. On veille sur son destin en très très haut lieu. Bien sûr, tout le monde ne pourra pas être sauvé. Seuls **144 000** le seront.*

Les forces qui tirent les ficelles sont puissantes. La force , devrais-je dire, car elle est unique. Satanique. Diabolique précisément.

Alors sachant que la désinformation est permanente, pourquoi continuer à échanger sur ces sujets où nous ne savons rien alors que chez nous, nous vivons la barbarie. Concentrons-nous sur notre barbarie qu'on vit au quotidien. Là, pas de désinformation !

Ayant fini sa tirade, elle replongea dans son travail sans même un regard pour Sylvie.

Cette dernière avait été fascinée par son attitude justement lorsqu'elle déclamait son discours. Presque comme une récitation. Des yeux fixes, semblant scruter un horizon pourtant absent d'un bureau d'une vingtaine de mètres carrés.
Sylvie elle aussi se remit au travail. Plus tard dans la matinée, elle repensa à cette scène. Amusée à un moment donné, elle était maintenant stupéfaite. Un peu inquiète. Ce regard surtout, il lui faisait un peu peur même.

Depuis quelque temps, Laurence avait cessé de manger le midi avec ses autres collègues. Elle sortait en ville pour déjeuner. Elle aimait ce moment, car dans le parc Jean Moulin, assise sur un banc, elle était tranquille pour pouvoir naviguer sur ses sites de prédilection.

C'est à ces moments qu'elle pouvait étudier le plan qui était à l'œuvre. En comprendre les ficelles, identifier les instigateurs, distinguer les manipulateurs et les marionnettes. Ce n'était pas facile. En effet, selon que l'on se fiait à **Qonion**, l'**Anneau Humain** ou bien à **One Patria** les versions et les axes différaient. Il y avait aussi des personnalités marquantes qui œuvraient à notre éveil comme Philippe Terralier ou Jean-Pâques Quête.

Leur point commun était pourtant le respect des droits humains.

Bien sûr, il y avait d'autres convergences entre toutes ces sources, comme l'implication des **Illuminati** ou des **Francs-Maçons**, mais le rôle de chacun, et même la main à l'œuvre derrière tous ces réseaux, différait selon les sources. Ou même cela n'était pas exprimé très clairement.

Cela allait de soi, tout ne pouvait pas être dévoilé à n'importe qui. Il fallait être initié pour savoir le fond de l'affaire.

Laurence avait tenté d'en parler avec Pascal. Puis elle avait renoncé. Il disait que la plupart étaient des arnaqueurs qui cherchaient à capter des sommes d'argent. À se constituer un réseau d'adeptes pour élargir leur influence, quitte à laisser quelques niches aux meilleurs promoteurs de la ligne tracée par le gourou. Quand Pascal en avait discuté avec Laurence, il n'avait pas prononcé le mot secte, mais c'était tout comme.

Il affirmait aussi qu'une bonne part d'entre eux était des infiltrés du système. Leur mission comportait selon lui trois objectifs :

- Renseigner sur les personnes sensibles à la mouvance de la Résistance au système.
- Pousser à l'extrême-complotisme pour décrédibiliser la Résistance, à la manière dont ils avaient poussé (et poussaient encore aujourd'hui) les extrêmes, et particulièrement l'extrême-gauche.
- Canaliser une partie des Résistants sur des voies ésotériques, tout en mettant le focus sur les droits de l'homme ; c'est-à-dire bizarrement sur la base prétendue du système en place.

D'ailleurs, ajoutait Pascal, il suffisait de consulter leur Curriculum Vitae pour s'apercevoir que la plupart des meneurs de ces groupes étaient d'anciens fonctionnaires de police, de gendarmerie ou d'autres administrations en lien avec la sécurité intérieure.

En dépit de tous ces arguments avancés par son mari, Laurence, elle, aspirait à leur faire confiance. Sinon, cette réalité remettait tout en cause. Tout ce sur quoi sa vie, son identité, avait été construite. Il y avait forcément une volonté derrière toute cette Barbarie. Un responsable.

Elle en avait besoin. Besoin de croire.

14 – Dans la boite aux lettres

En rentrant de l'usine, Aurélie vérifiait toujours la boite aux lettres. Entre magazines, prospectus et autres factures, elle ne s'attendait plus guère à recevoir de "vraies lettres" par ce canal. Aujourd'hui pourtant, c'était le cas. Une enveloppe épaisse avec un tampon de Magésie. Elle retourna l'enveloppe, c'était bien sa sœur Alexandra qui lui écrivait. Cela la mit en joie, en effet ces derniers temps, elles n'échangeaient plus que par mails, les visios étant devenues quasi impossibles.

Elle se dépêcha de rentrer et de mettre en place vivement ses affaires. N'y tenant plus elle ouvrir cette correspondance tant espérée.

Bonjour Aurélie.

Tu dois être bien surprise de recevoir une lettre de ta petite sœur adorée. Avant toute chose, je te rassure, je vais très bien. Karim et toute la famille d'ici aussi. J'espère que pour toi il en est de même.

J'utilise ce moyen un peu vieillot car ici l'internet et l'électricité sont devenus difficiles à utiliser en raison des coupures fréquentes. Je ne sais pas exactement ce que disent les médias en France de ce qui se passe en Magésie, mais d'après tes derniers mails, ce doit être une grosse propagande contre le changement. Ici on l'appelle la Métamorphose. C'est pour cela que l'électricité est rationnée et surtout l'internet si difficile à utiliser avec l'étranger. Tu sais ce qu'ils appellent sans doute "sanctions" décrétées par les USA, la France et leurs copains, c'est en fait un embargo, un siège comme au moyen-âge. Du coup, l'énergie est rationnée par faute d'approvisionnement suffisant de l'étranger. Pour l'internet, ça va tant que l'on reste en Magésie, mais dès que l'on veut aller à l'étranger c'est galère. Les américains ont coupé toutes les communications terrestres, tu sais. Idem pour le téléphone. Il ne reste que les communications par satellites sur les réseaux des pays plus ou moins amis.

Cela va peut-être te surprendre, mais au contraire l'internet en Magésie marche super bien, lui. Tant que tu ne quittes pas le pays ça marche même mieux qu'avant. Pourtant, la plupart des gros opérateurs ont fermé leurs réseaux. Mais tu vas comprendre. En fait, avec le nouveau système politique, il y a eu pleins de petites boites qui se sont montées pour pallier aux boycotts des grands groupes. Ces petites boites, sous l'impulsion de la toute nouvelle Chambre des Forces Productives, ont mis en place tout un tas de solutions ingénieuses pour refaire un réseau. Ils ont par exemple modifié les câblages dans les quartiers et les communes, recréé des connexions parallèles avec les wifi des foyers, ils ont même constitué des genres de centraux de télécommunications avec des bouts de ficelles : Mais ça marche. Je te dis mieux qu'avant même !

Il y a un dynamisme ici c'est incroyable. Avant, tout un tas de gens formés à l'informatique et autres ne trouvaient pas de travail. Hé bien maintenant ils sont débordés. En quelques mois seulement. Ils disent même qu'ils vont inventer de nouveaux trucs comme un cryptage vraiment sécurisé. Il faut dire que le nouveau gouvernement est très demandeur pour éviter d'être espionné par la CIA et autres agences étrangères. Attends, ils disent aussi qu'ils vont construire un meilleur internet que celui existant. Un réseau où tu n'auras plus de coupure en plein milieu d'une vidéo ou d'une visio. Et tout cela en restant compatible avec l'internet actuel.

Je ne savais même pas que c'était possible.

Ne t'inquiète pas ma petite Aurélie, je vais bien. Ne va pas croire. Ni Karim, ni sa famille n'ont fait pression pour que je reste ici en Magésie. C'est même plutôt le contraire. Si j'avais écouté Karim, on serait rentrés en France depuis un moment. Tu vois.

Non si je suis restée, si nous sommes restés, c'est parce qu'ici ils ont besoin de nous. C'est ce que je crois en tout cas. D'ailleurs avec Karim, nous sommes plus proches maintenant. Les difficultés, les rudes disputes, c'est fini !

Oui c'est une métamorphose. Il faut que je te raconte ça car je doute qu'en France vous soyez au parfum des événements réels d'ici.

Tu sais, à un moment donné, le Peuple a opté pour instaurer la Démocratie Directe. À ce moment, tous les Ministères étaient occupés en permanence, ainsi que la plupart des administrations. Toutes les décisions étaient prises en Agora, en Assemblée Générales si tu préfères. Au début, cela apparaissait formidable. Du jamais vu dans l'histoire.

Mais bien vite les problèmes sont apparus. Et c'est rien de le dire. Cela s'engueulait pas mal et les décisions avaient du mal à être prises. Tu sais, les groupes politiques préexistants, même si ils étaient devenus officiellement interdits, avaient tout de même beaucoup d'influence. Déjà, parce qu'ils étaient malgré tout organisés, même secrètement. Et puis, ils partageaient une idéologie alors, même sans se concerter, ils tiraient dans la même direction. Alors, les anciens proches du pouvoir, les islamistes ou les *communistes et autres variantes politiques arrivaient, sinon à imposer leur vue, du moins à perturber le fonctionnement. Les palabres n'en finissaient pas. Tout cela sans oublier les quelques grandes gueules et autres beaux parleurs amateurs...*

Et ce n'est pas tout. Lorsqu'une Agora avait finalement pris une décision, il fallait se coordonner avec les autres Agoras. C'était parfois simple, mais la plupart du temps les décisions différaient fondamentalement, ou même dans des détails loin d'être insignifiants. D'ailleurs, même si une petite différence était présente, se posait la question de qui prenait la décision de dire quelle version d'un texte il fallait prendre.

C'était le chaos. L'anarchie totale. Il n'y a eu que 3 décisions de prises durant cette période. 3, tu te rends compte ! 3 en 3 mois !

Alors tu imagines bien que les ennemis de la Magésie nouvelle ont utilisé cette période pour nous attaquer. Ils disposaient de nombreux relais dans l'administration. Il faut dire qu'elle était restée en place et en vérité exerçait le pouvoir. Ce qui les a freinés, c'est que les Ministères étaient occupés. Mais au fil des semaines, il y avait de moins en moins de monde dans ces occupations.

C'est alors qu'est intervenue l'attaque sur la frontière ouest par un groupe de mercenaires. Dans le même temps, plusieurs manifestations dans les zones où le mouvement des Agoras n'était pas très fort ont réclamé le rétablissement de l'ordre. Il faut dire qu'en trois mois, rien n'avait véritablement changé concrètement pour la population.

Le changement était en danger. Sans chef, incapables de prendre des décisions rapides, les Agoras se retrouvaient débordées. Rapidement, en quelques jours, les mercenaires de l'ouest marchèrent sur la capitale. Les manifestations ailleurs dans l'arrière-pays montaient aussi en puissance sous l'impulsion de petits notables locaux, bien souvent concessionnaires de grandes multinationales.

Finalement, face à cette situation, les Agoras finirent par prendre leur troisième et dernière décision : Mettre en place un "Commissariat Général à la Métamorphose" (CGM) sous la direction d'un binôme composé de Élias Tréboua et de Leila Tierbassa. Le CGM ayant deux missions :

1. *Préserver la Métamorphose de ses ennemis intérieurs comme extérieurs.*
2. *Organiser un Référendum constitutionnel et mettre en œuvre la décision qui en sortirait.*

Je te passe les détails de la réalisation de la première tâche, car tu sais forcément déjà qu'elle a été menée à bien. Saches pourtant que ce fût douloureux, meurtrier. Heureusement, ce combat fratricide ne dura pas trop longtemps, car le ras-le-bol du système précédent était tel que l'immense majorité de la population voulait avancer. Même si c'était difficile. Mais maintenant, avec ces deux missions confiées au CGM, cela donnait enfin une perspective concrète vers laquelle converger.

La Nation raffermie pouvait alors se consacrer au choix de l'orientation à prendre. Le CGM ne trahit pas son engagement. Il faut dire qu'il n'avait pas intérêt, car le Peuple était désormais armé et toujours décidé à exercer sa souveraineté. Ce qui avait changé en Lui, c'est que le refus de voir des personnalités émerger était désormais identifié par tous comme une dangereuse illusion.

La campagne ne dura qu'un mois. C'était suffisant en situation d'effervescence sociale. Le Référendum se présentait sous la forme d'un questionnaire à choix multiple. Les Citoyens pouvaient cocher une case en face de leur préférence. Ils pouvaient même cocher plusieurs cases. Il n'y avait pas moins de 37 propositions !

Cela peut te sembler beaucoup. Pourtant toutes étaient expliquées par un court texte. Cela faisait une vingtaine de pages à lire. Toutes ces propositions faisaient aussi l'objet de diverses vidéos disponibles sur l'internet. Un site dédié avait été mis en place pour cela par le CGM. La presse avait également été réquisitionnée pour l'occasion.

Parmi ces propositions figurait la mise en place d'une Assemblée Constituante, soit élue, soit tirée au sort voire un mix des deux. D'autres proposaient un programme de gouvernement. D'autres enfin, proposaient une Constitution déjà écrite, prête à l'emploi.

Tu le sais peut-être déjà par les informations, c'est cette dernière proposition soutenue par Leila Tierbassa et Élias Tréboua qui a été plébiscitée par le Peuple. Ils avaient eux-mêmes travaillé à rédiger une Constitution durant de longues années avant tous ces événements.

Voilà ! C'est sous cette Constitution que nous sommes maintenant en Magésie. Et cela a vraiment tout changé. J'ai déjà évoqué la Chambre des Forces Productives, c'est vraiment génial comme cela a dynamisé le pays. Mais ce n'est pas tout, il y a aussi une Chambre Constitutionnelle. C'est elle le pouvoir suprême. Au plus proche du Peuple, car moitié-moitié tirée au sort et élue, elle contrôle toutes les institutions : Gouvernement, Assemblée Nationale, etc. C'est la Chambre Constitutionnelle qui dispose de la force la plus grande. Et puis, il y a les Référendums aussi, le RIC[6] est en place ici, pas comme en France (na na nère).

Bon, j'arrête là, car il y aurait tellement à dire. Écoute, ils appellent cela la "4ème Voie", je te laisse voir ça sur internet.

Sinon, j'espère que de ton côté Anton et Bastien vont bien et que vous avez trouvé une bonne solution pour la garde du petit. Tu peux m'écrire à l'adresse qui figure sur l'enveloppe. C'est le plus fiable, je pense, pour le moment. Je compte sur toi pour me répondre et savoir si le courrier marche bien.

Je t'embrasse très fort.
Ta sœur Alexandra qui t'aime.

Aurélie avait avalé cette lettre d'une traite. Rasséréné, tel était son état d'esprit maintenant. Les mails qu'elle échangeait à fréquence irrégulière avec sa sœur n'avaient jamais produit cet effet. Le papier qu'elle avait touché. Son écriture fine et biscornue lui appartenait, constituait sa marque de fabrique. Elle la sentait vivante, autant par ces traces matérielles que par son texte.

Elle relut le courrier d'Alexandra plus lentement, pour en savourer le contenu. Ouf !

Elle allait encore éplucher tout cela. Il y avait tant dans cette lettre. Regarder sur internet cette Constitution, la **Quatrième Voie** et tout cela. Se renseigner aussi sur ces leaders de la nouvelle Magésie. Surtout sur la femme : Leila Tierbassa. Elle avait vu le film **Evita**[7] il y a quelques années. Et cette Leila, sans qu'Aurélie n'en connaisse rien, lui évoquait immédiatement Eva Perón. Cette femme argentine au destin extraordinaire et

---

[6] Référendum d'Initiative Citoyenne.
[7] Evita – Film d'Alan Parker de 1996 avec Madonna, Antonio Banderas et Jonathan Pryce.

tragique. Ce couple Perón, symbolisant la possibilité d'une alliance tant décriée ici en France entre les petits peuples de gauche et celui de droite. Le Peuple en réalité.

Aurélie comprit alors comme dans un éclair que cette division était organisée. Tant par le système capitaliste que par les chefs de la gauche. Cette division, cette stigmatisation réciproque, c'était l'assurance qu'ils resteraient l'un et l'autre en place sur le dos du reste du Peuple.

Elle fut prise d'une faim soudaine de connaissance. Elle voulait tout savoir. D'Eva et de Juan Perón, de Leila aussi, de tout ce qu'on lui avait appris à rejeter auparavant. Elle mesura son ignorance.

Elle se réveillait. Non. Elle s'éveillait. Pour la première fois.

Une chose aussi trottait dans sa tête en arrière-plan : Alexandra avait écrit qu'elle voulait rester en Magésie *"parce qu'ici ils ont besoin de nous"*. Qu'est-ce que cela signifiait ? Aurélie l'ignorait. Le voile qui obscurcissait ses yeux venait juste de se lever, la laissant seulement conjecturer.

Elle avait beaucoup de temps perdu à rattraper. Cela ne lui faisait pas peur. Elle était emplie désormais d'une énergie de vie lui venant du ventre.

15 – Chronique des Barbaries

Tout avait commencé le 30 avril lorsque l'agence **Standard & Poor's** publia une révision de ses notes financières de fiabilité d'un emprunteur. La France venait de recevoir un *CCC+*. Ce qui signifiait "risque élevé" de défaut de paiement. Cette note s'était dégradée au fil des mois et des années. Désindustrialisation, diminution de la qualité des produits, chômage élevé, perte de marché en interne et à l'international, inflation proche des dix pour cent, budget de l'état toujours plus déficitaire, la liste était devenue longue. L'addition trop lourde. L'heure de payer était arrivée.

La France entrait dans une crise de sa dette publique similaire à celle connue par la Grèce à partir de 2008, et dont elle ne s'est toujours pas remise.

Bien entendu, le **FMI**[8] et l'**Union Européenne** étaient venus à la rescousse, mais cela s'était avéré insuffisant pour rassurer les investisseurs, les prêteurs. L'Allemagne et les USA, pas au mieux de leur forme eux non plus, ne voulaient pas éponger les dettes de la France. Et l'Allemagne commanda de ne plus faire tourner la planche à billets, la valeur de l'Euro ne cessant de s'éroder. En d'autres termes, le papier et les chiffres dans les ordinateurs généraient de la défiance, et seuls les actifs tangibles, matériels comme les

---

[8] Fond Monétaire International.

produits manufacturés où les matières premières, trouvaient grâce aux yeux des investisseurs.

Un plan d'austérité sans précédent avait été imposé à la France dès le tout début mai. Les versements du chômage, des retraites, du RSA et des autres prestations sociales étaient suspendus. Même le paiement des fonctionnaires à la fin du mois n'était pas assuré. Certains organismes purent honorer leurs engagements, car non directement liés à l'Etat, mais assez vite, ils se virent réquisitionner leurs "pactoles" pour colmater une partie de la dette du pays. Si bien que les revenus des bénéficiaires chutèrent de trente pour cent, voire disparurent totalement pour certaines caisses en faillite.
Il faut dire qu'avec l'Euro le défaut de paiement était prohibé. Il n'y avait plus d'autre alternative que l'austérité. Le système libéral de marché, censé s'auto-ajuster, produisait ses effets. Ceux-ci furent dévastateurs.

Privés de la majeure partie de leurs revenus, les plus pauvres, ceux subsistants grâce aux aides, se retrouvèrent du jour au lendemain dans une situation intenable. La faim explosa en quelques semaines. Les vols se multiplièrent, les agressions aussi.

Des manifestations étaient bien organisées par divers mouvements syndicaux ou par de nouveaux Gilets Jaunes : Mais tous l'avaient intériorisé, les caisses étaient vides.
Personne, ou si peu nombreux et audibles, furent ceux proposant des remèdes efficaces comme la sortie de l'Euro et de l'UE.

Dès le mois de juin des émeutes éclatèrent. Très violentes. Il n'était plus question de mortier d'artifice, mais d'armes de guerre, notamment réémergeaient celles déversées en Ukraine ou dans les Balkans. Les pillages en ville et dans les campagnes se multiplièrent. Les massacres de Français de souche survenaient ici ou là. En retour, des milices locales se constituaient.

Les régionalistes et autres anarchistes de tous poils s'activaient. L'Assemblée de Corse déclara l'indépendance de l'île. Plusieurs territoires d'outre-mer, comme la Nouvelle-Calédonie, souhaitaient aussi quitter le navire France.

Sur la côte méditerranéenne, les populations d'origine immigrées, particulièrement affectées par les mesures d'austérité, se soulevèrent. Dans la ville de Marseille, la Mairie et l'Hôtel de Région furent pris d'assaut. De nombreux mouvements et pays des deux côtés de la Méditerranée, trop heureux de faire payer à la France sa politique guerrière passée, apportèrent rapidement un soutien humanitaire et armé.

Ailleurs en France, plusieurs groupes locaux se déclarèrent solidaires de leurs compagnons marseillais. Ils mirent vite en œuvre des attaques contre les casernes, commissariats de police et autres véhicules ou installations des forces armées.

Dépourvu de moyen et de crédibilité, l'Etat était dépassé. Il réservait ses forces les plus sûres à la sauvegarde de l'oligarchie dirigeante. La guerre civile était commencée de manière larvée. La forme la plus horrible de la Barbarie.

~

La plupart des chantiers de Pascal étaient à l'arrêt. Son activité était paralysée faute de carburant, de matériaux, de sécurité ou par défection des clients. Il avait dû mettre Eddy au chômage technique et avait débauché tous les intérimaires.

À la Mairie, Laurence, Sylvie et les autres fonctionnaires vivaient sous un régime d'état de siège. Pour elles aussi la situation était précaire, la commune étant passablement endettée, leur devenir proche s'avérait hypothéqué.

Alphonsine avait réuni en urgence les Résistants des alentours d'Ermeville-sur-Conon. Ils étaient trois fois plus nombreux qu'à l'accoutumée.

Alphonsine engagea la réunion en demandant aux participants le souhaitant, de faire part aux autres de leurs informations et ressentis sur la situation en France et localement. Ces échanges durèrent une bonne heure et demie. Des récits de pillages, de fermes notamment, furent relatés. Trois personnes étaient mortes lors d'un affrontement faisant suite à l'attaque d'un petit commerce dans une commune jouxtant Ermeville-sur-Conon. Le petit commerçant, essayant de se défendre, avait été assassiné ainsi que sa femme et leur garçon de treize ans.

Les tensions et bagarres étaient fréquentes entre ethnies : Qu'elles soient Françaises de souche, Arabes, Portugaises ou originaires d'Afrique noire.

Certains évoquèrent aussi la situation du pays et celle de l'État. Laurence déplora ce qu'étaient devenues les conditions de travail à la Mairie, les craintes de ses collègues. Elle souligna également la panique des fonctionnaires qui semblait s'accroître à mesure que l'on montait dans la hiérarchie de l'État.

Après une pause d'une dizaine de minutes, la discussion reprit sur une proposition d'Alphonsine de mener une série d'actions, notamment de distribution de tracts et d'une revue pour calmer le jeu et inviter à se serrer les coudes. Elle n'appela pas explicitement à s'en remettre aux actions des autorités, mais cela était en quelque sorte implicite.

Corinne proposa elle de mettre en place une milice d'auto-défense des Résistants.

Laurence prit de nouveau la parole pour insister sur le caractère organisé, prémédité de tous ces désordres, de cette crise. Qu'en haut lieu, ils avaient certainement manigancé l'ensemble de ces événements afin d'arriver à leurs fins. Si elle prônait de s'en prendre à "ceux-là", son discours ne débouchait pas sur une recommandation d'action concrète.

Pascal lui aussi intervient dans les débats. Il déplora de ne pas disposer de recette miracle pour remédier à la Barbarie actuelle. Ce dont il était sûr toutefois, c'était de la nécessité de s'organiser et de travailler à une offre politique pour s'en sortir à un moment donné. Son intervention laissa une bonne partie de l'assistance dans l'expectative. L'urgence n'était-elle pas à des actes tangibles ?

Un vote final retint la proposition de tracts d'Alphonsine. Corinne demanda à ceux intéressés par son projet de milice de venir la voir à la fin de la réunion.

Après cela, la réunion étant finie, tous se levèrent et de petits groupes de discussion se formèrent tandis que d'autres quittaient la salle. Laurence était le centre d'un de ces groupes. Elle s'animait beaucoup et les autres l'écoutaient extasiés.

À une dizaine de mètres, une petite assemblée se forma autour de Corinne. Elle demanda à ceux intéressés par son projet de milice de lui envoyer un courriel. Pascal était aussi là, car il connaissait bon nombre de ceux entourant Corinne. Un de ceux-ci conseilla de ne pas employer l'internet et d'utiliser un code communiqué oralement. Aussi, elle fit passer une feuille où ceux désireux de se joindre à elle inscrivaient leur téléphone ou leur courriel. Elle fixerait un rendez-vous en utilisant la phrase de code "Bonne vitalité à toi".

Alphonsine, qui était dans le groupe de Laurence, avait vu l'agglutinement formé autour de Corinne. Mais elle était trop loin pour distinguer le détail de ce qui s'y disait. Il ne faisait en revanche aucun doute sur ce qui se tramait.

De retour chez elle, elle tapa " Réunion OK – Attention Corinne Mexirier organise une milice" sur son **CryptoPhoneF1**.

16 – Rencontres

Plusieurs semaines avant le début de ces événements tragiques, Aurélie avait finalement contacté Pascal Tourneur, comme elle l'avait projeté à plusieurs reprises. Elle envisagea initialement de l'aborder directement, mais avait préféré prétexter des travaux à réaliser. C'était moins engageant et plus ouvert.

Elle lui passa un coup de fil :

— *Bonjour. C'est Aurélie, la mère du petit Anton, vous vous souvenez de moi ?*

— *Bonjour, bonjour. Oui, bien sûr que je me souviens de vous. Très bien même. Cette promenade en forêt a été marquante pour moi.*

— *Écoutez, vous devez vous demander ce qui m'amène.*

— *Heu, oui.*

— *Eh bien, figurez-vous que j'ai un projet de cabane de jardin pour Anton et pour les outils de jardinage. Est-ce que serait dans vos cordes ?*

— *Oui bien sûr. Toutefois, de but en blanc comme ça je vous conseillerais que le moins cher serait peut-être d'acheter une cabane de jardin du commerce, vous savez celle à monter en kit.*

Aurélie n'avait pas prévu cette réplique. Il est bête ou quoi ! Heureusement, elle eut la présence d'esprit de rebondir tout de suite :

— *Ok. Ok. Heeeeeu. Oui, c'est une possibilité. Mais vous savez, je voudrais une belle cabane. Quelque chose de pas ordinaire.*

Elle s'enfonçait, mais eu un flash et enchaîna par un argument ultime :

— Et puis ni moi ni mon compagnon Bastien ne sommes bricoleurs. Pas du tout. Si on veut quelque chose de bien, il nous faut un professionnel. Alors j'ai pensé à vous.

— Vous avez bien fait. Je comprends. Comment souhaitez-vous que nous procédions ?

— Si vous pouviez passer à la maison dans les jours à venir, ce serait l'idéal. La semaine prochaine, c'est possible en milieu d'après-midi ?

— Attendez, je regarde. Jeudi, vers 17 h, c'est possible ?

— Oui. C'est parfait. Et puis ce sera l'occasion aussi de discuter de choses et d'autres.

— D'accord, je le note. À jeudi alors.

— À jeudi Pascal.

— À jeudi Aurélie.

"Yes !" jubila Aurélie intérieurement. Pascal, comme beaucoup d'hommes, était lent à la détente lorsqu'il s'agissait des femmes. Pourtant, là, animé par l'intérêt qu'il lui portait, il se sentit ravi de l'initiative d'Aurélie.

Aurélie était arrivée de l'usine depuis un quart d'heure le jeudi suivant, lorsqu'elle aperçut par la fenêtre la camionnette de Pascal se garer devant chez elle. Elle marqua malgré cela un temps de surprise en lui ouvrant la porte. Elle lui offrit un café et la discussion démarra sur tous les sujets communs qui les intéressaient. Et ils n'en manquaient pas : De la Barbarie qu'ils voyaient monter, de celle qu'ils pressentissent devoir exploser dans un avenir assez proche. De leur ressenti conjoint lorsqu'ils avaient assisté à la cérémonie du **Tao Spirituel** l'autre jour dans la forêt. Pascal évoqua aussi sa volonté de trouver une voie de sortie à cette trajectoire délétère, sa soif de trouver une piste pour espérer. Aurélie lui parla de ce qui se passait en

Magésie, de la lettre de sa sœur qu'elle lui donna à lire. Il était proprement emballé. Il suivait d'assez près les événements se passant là-bas. C'était rare chez lui, car le plus souvent, il était plus préoccupé de la situation en France que de celle de l'étranger. En effet, il avait pris l'habitude de suivre surtout les nouvelles des pays occidentaux, négligeant celles du reste du monde. Un reliquat du formatage par les médias du système sans doute. Au final, ses connaissances de ce qui se passait là-bas étaient plutôt parcellaires.

Aurélie lui détaillait l'histoire récente de la Magésie, elle avait eu le temps de se renseigner sur tout cela depuis la réception de la lettre d'Alexandra. Les péripéties avec l'orientation initiale d'une démocratie totale sans compromis, puis la **Quatrième Voie**, la nouvelle Constitution, tout y passait.

Pascal buvait ses paroles. Il buvait les beaux yeux d'Aurélie également. Il avait enfin trouvé ce chemin d'Espoir qui lui faisait tant défaut. Il lui promit de plonger dans cette histoire, de lire et regarder des vidéos sur le sujet. Déjà, il envisageait de s'impliquer en politique pour transposer en France l'expérience de la Magésie.

Avec tout cela, ils n'avaient pas eu le temps de parler de la cabane à construire. L'heure avançait et Pascal devait désormais partir. Ils fixèrent un rendez-vous pour le jeudi suivant, c'était le créneau de la semaine convenant le mieux à l'entrepreneur. Tous deux s'excitaient déjà de la perspective de cette nouvelle rencontre. Ils prirent congé en se faisant la bise, non sans, avant cela, avoir marqué un temps d'hésitation.

Le cœur d'Aurélie avait dix-huit ans.

Le jeudi d'après fut long à arriver. Pourtant, Pascal passa toutes ces soirées à visionner des vidéos, notamment celles dynamiques de Leila Tierbassa, à naviguer sur Internet et aussi à lire les écrits d'Élias Tréboua. Aurélie avait déjà tout préparé pour prendre un café quand elle ouvrit la porte à Pascal. Un peu gênés tous les deux, ils prirent place dans le canapé. Pascal raconta sa semaine d'étude de la **Quatrième Voie**. Ils comblaient mutuellement les zones d'ombres restant dans l'esprit de l'autre. Ils communiaient.

Ils pouvaient discuter tranquillement, Aurélie s'étant arrangée pour qu'Anton soit au centre aéré jusqu'à 18 h 30 ce jour-là. Et puis, Bastien rentrait toujours bien plus tard, habituellement un peu avant 20 h.

Dans leur passion partagée, ils avaient fini par se retrouver épaule contre épaule. Pascal lui disait qu'il lui semblait discerner une faiblesse d'importance dans la nouvelle Constitution de la Magésie : Des principes démocratiques généraux étaient bien posés dans le Préambule, toutefois, il déplorait que ceux-ci ne soient pas adossés à de plus hauts principes philosophiques. Il regrettait en particulier l'absence d'une expression du **Droit Naturel**, c'est-à-dire des obligations envers l'être humain, telles que les avaient exprimées Simone Weil[9]. C'était à ses yeux la garantie suprême pour le Peuple de ne pas se faire usurper. Ces principes agissant tel un garde-fou contre les dérives idéologiques et politiques de la société.

De plus, argumentait-il, cela réaffirme notre humanité. Ce **Droit Naturel** qui est alors établi comme inaliénable, inaltérable. Notre être dans son ensemble : D'abord l'individualité de toute personne, et simultanément son appartenance à la collectivité nationale par sa citoyenneté, sa langue, sa culture. Notre humanité et au-delà même : En notre appartenance au

---

[9] La philosophe évoquée au chapitre 10, née en 1909 et morte en 1943.

grand flux du vivant, et même de tout le cosmos, comme l'affirmaient les adeptes du **Tao Spirituel**, à propos duquel l'entrepreneur-philosophe s'était aussi renseigné.

Exprimant cela, Pascal faisait face à Aurélie, leurs genoux demeurants aimantés. Son discours pertinent, ajouté à l'attraction magnétique qui s'opérait sur la tête de la belle femme dans sa direction…

La porte d'entrée s'ouvrit inopinément et Bastien entra dans la maison. Il fut surpris de découvrir sa compagne assise à côté de Pascal dans le salon. D'autant plus qu'ils apparaissaient s'être tous deux levés précipitamment. De plus, la teinte des joues d'Aurélie était d'un rouge inhabituel et l'entrepreneur paraissait quelque peu emprunté.

— *Tu connais Monsieur Pascal Tourneur*, lança Aurélie.

— *Ba oui, évidemment, c'est le papa d'un des copains d'école d'Anton.*

— *Bonjour.*

— *Bonjour. Ce que…*

— *Écoute, tu tombes mal*, coupa Aurélie prévenant ainsi tout dialogue embarrassant, *j'avais prévu de te faire une surprise, mais elle tombe à l'eau comme tu es là.*

— *Ha !*

— *Oui. J'ai demandé à M. Tourneur de venir pour la construction d'une cabane en bois dans le jardin. Il est entrepreneur dans la construction bois, tu sais.*

J'ai eu cette idée, car ce serait bien pour Anton. Il pourrait jouer dehors et avoir un petit coin à lui. Tu sais comment sont les enfants. Et puis, on pourrait aussi y mettre des outils de jardinage. Et…

Elle poursuivit plusieurs minutes sur le même ton. Vantant l'intérêt de disposer d'une telle cabane pour tout le monde. Elle parvint même à les emmener tous dans le jardin pour discuter du projet.

Cerise sur le gâteau, Aurélie réussit à gronder Bastien pour sa rentrée anticipée et ainsi d'avoir éventé la surprise. Ce dernier acquiesça d'autant plus aisément qu'il envisageait déjà d'équiper la cabane d'une caméra et d'autres gadgets technologiques. Il promit même de ne rien révéler à Anton.

17 – Flexspace

Comme chaque jour de travail en présentiel, Cyril passa devant le bureau d'accueil en saluant les deux agents de sécurité. Il badgea ce qui fit tourner le tourniquet d'accès.

Il prit l'ascenseur jusqu'au quatrième étage. Étage du plateau *Flexspace 4C* qui était affecté à son service.

Toutefois, contrairement à son habitude, il était arrivé tard. À près de 10 h. Il voulait être sûr d'arriver après ceux qu'il voulait rencontrer.

Depuis le déménagement des bureaux, il y a quelques mois, l'équipe dont Cyril faisait partie était alternativement en télétravail ou bien dans le *Flexspace 4C*. Un lieu où les bureaux étaient en "libre usage" comme ils disaient. C'est-à-dire qu'hormis les chefs de service de niveau cinq et supérieur, personne n'avait de poste de travail attribué. Chacun se plaçait aléatoirement au gré des places occupées et disponibles restantes.

Cyril vivait cela très mal. Son tempérament ordonné, d'administrateur et d'expert en base de données, le portait à aimer avoir ses objets familiers autour de lui. À proximité. Sa tasse à café, ses photos, les cadres des diplômes, des multiples certifications qu'il avait obtenues, sa souris verticale, toutes ces petites choses prolongeant notre être, notre corps. Ces objets étaient comme des extensions de lui-même, ils lui étaient propres.

Il souffrait aussi de ne plus être à proximité immédiate des autres membres de l'équipe. Pour se rencontrer, se retrouver ensemble, il fallait réserver une des rares salles de réunions. Ou bien, comble de l'ironie, se réunir virtuellement en visioconférence bien qu'étant tous physiquement dans le même lieu. Cela en faisant attention de ne pas parler trop fort bien entendu.

Il ne comprenait plus son métier non plus. L'informatique, autrefois temple de la rationalité, lui apparaissait ne plus avoir de sens. Là où, auparavant, il suffisait de quelques kilooctets pour stocker une entité sur un disque dur, disons une facture par exemple, il fallait maintenant au moins cent fois plus de place ! De même, des traitements qui il n'y a pas si longtemps s'exécutaient de manière presque instantanée, duraient désormais des dizaines de secondes !

Il ne voyait pas où était le progrès.

Et pourtant, tous ses chefs, en commençant par Bastien son N+1, affirmaient de manière souvent péremptoire qu'il fallait suivre les tendances du marché. Cyril se demandait souvent si ces "responsables" se posaient la question de savoir où cela nous menait ? Ou cela menait l'entreprise ?

Arrivé au quatrième étage, Cyril croisa Julien en sortant de l'ascenseur.

— Bonjour Cyril, tu vas bien ?

— Bonjour. Ça ira mieux tout à l'heure. Et toi ?

— Ah, tu as hâte d'être à ce soir. Tu as prévu quelque chose pour ce soir ?

— Non, non rien de précis. On verra d'ici là.

Puis Cyril poursuivit son chemin, ce qui laissa Julien un peu perplexe.

Cyril appréciait Julien. Déjà, il disait bonjour et au revoir, il serrait la main, ce qui était loin d'être le cas de tout le monde au bureau. Quelle déshumanisation, déplorait-il.

Julien, c'était le seul de l'équipe qui semblait le comprendre lorsqu'il s'épanchait sur ce qu'était devenu l'ambiance de travail. Il prenait quotidiennement le café ensemble le matin. Enfin, quand ils étaient présents au bureau.

Il n'était pas comme tous ces bourrins qui avançaient sans jamais lever la tête autrement que pour dire des trucs du genre "être geek, c'est fucking trendy", ou alors des banalités d'un conformisme sidérant. Le plus "drôle" : Ils sont tous les mêmes, font les mêmes choses, s'habillent pareil, mangent toujours la même chose ; et en même temps, ils revendiquent d'être différents et uniques.
Pitoyable !

Cyril arrivait devant le bureau qu'il préférait occuper lorsqu'il travaillait en présentiel, en vérité "petite table carrée" serait plus appropriée pour désigner ce meuble. Félix, de l'équipe logistique, occupait déjà la place. Il connaissait l'inclinaison de Cyril pour cet endroit, mais il n'en avait cure.

Le spécialiste des bases de données tourna les talons et se dirigea vers une table un peu plus loin. Il y posa son sac. Alla accrocher son pardessus au portemanteau. À ce moment, Julien regagna la place qu'il occupait aujourd'hui deux îlots plus loin.

Cyril revint à la table où il avait posé son sac. Il sortit un chargeur, vérifia qu'il était plein et le mit dans la poche de son pantalon. Il prit un second chargeur, exécuta la même vérification, puis, après avoir jeté un regard circulaire pour s'assurer que tous étaient bien en place, il procéda à l'extraction de son sac du pistolet de calibre neuf millimètres.

Il engagea le chargeur. Manœuvra la culasse de son arme. Puis se dirigea calmement vers l'endroit qu'occupait Félix.

Lorsque ce dernier leva la tête pour le regarder avec un air narquois, une première balle lui perfora le ventre. Ses yeux exprimèrent alors fugitivement la surprise avant de s'éteindre lorsqu'ayant corrigé la visée, le second projectile tiré par Cyril le percuta en plein milieu de la poitrine.

Les deux détonations avaient extrait de leur aliénation les présents sur le plateau. Des cris de panique et d'horreur prolongèrent le vacarme produit par les coups de feu. Tous, sauf Julien, se précipitèrent vers les portes pour s'échapper. Tous sauf Julien, et Bastien qui, de l'autre bout du *Flexspace 4C*, titubait dans la direction du premier meurtre.

Cyril comptait sur ce type réaction. Il alla à sa rencontre. Bastien, comprenant la situation, se figea, tétanisé. Désormais, à une dizaine de mètres de sa cible, Cyril s'arrêta, visa et tira. La balle pénétra juste en dessous du nez. Il franchit la distance le séparant du corps gigotant nerveusement. Il tira le coup de grâce.

Julien était là. Presque à l'autre bout de l'open space. Interdit. Surpris. Terrorisé. Stupéfait.

Cyril le regarda et lui sourit tristement avant de sortir pour aller trouver sa prochaine victime.

Julien se détendit subitement sans comprendre pourquoi. Il ne se sentait plus ni stupéfait, ni terrorisé, ni surpris.

C'est ce renversement des émotions qui lui donna le vertige. Il se rassit à sa place.

Cyril se rendit dans le bureau d'Alice, la responsable du service en charge des applications du domaine "planification et moyens". Cette polytechnicienne l'avait dégoûté lorsqu'arguant d'un léger retard dans une livraison d'un logiciel, elle demandait qu'un programmeur, travailleur handicapé, soit écarté pour les prochaines versions. Son bureau se situait au même étage, mais dans l'aile opposée. Il vit au travers de la cloison vitrée qu'elle participait à une visioconférence avec son casque sur la tête. Il entra sans frapper et lui tira deux balles en pleine poitrine sans autre explication.

Il regagna alors le **_Flexspace 4C_** où se trouvait encore Julien. Il prit soin chemin faisant de vider ses deux chargeurs dans les cloisons vitrées, les PC, les écrans et l'imprimante de l'étage.

Il s'installa à une place au hasard. Hagard. Libéré. Il posa son arme et ses chargeurs vides sur une table à côté. Culasse verrouillée en arrière.

Ils restèrent ainsi durant de longues minutes. Sans rien dire. Leurs têtes vides.
Ils ne remarquèrent pas le micro-drone qui les filmait eux et l'arme désormais inoffensive.

Les deux gendarmes du GIGN pénétrèrent simultanément par les deux portes les plus au fond. L'un restant dans l'encadrement et l'autre pénétrant jusqu'au premier îlot. En position, ils ouvrirent le feu avec leurs pistolets-mitrailleurs exécutant les deux ingénieurs sans coup férir.

18 – Rendez-vous du destin

La situation se détériorait de jour en jour. Les pillages de magasins s'étaient toutefois calmés, mais pour une raison simple : ils n'étaient plus approvisionnés. Depuis la loi martiale, seuls les magasins sous protection militaire étaient approvisionnés par convois spéciaux.

Il en avait résulté des attaques de résidences de particuliers. Avec tout ce que cela suppose de rapines et de violences.

La région autour de Marseille était devenue une zone de guerre. Toute une ribambelle de mercenaires plus ou moins islamistes avait accouru à la rescousse de la région indépendantiste. Ils venaient de tout le bassin méditerranéen, mais surtout de Bosnie, d'Albanie, de Tchétchénie et d'Ukraine. Marseille ne manquait pas d'approvisionnement en armes, car, outre les stocks constitués au préalable, l'armement arrivait par bateaux de divers types, mais aussi par voies terrestres. Plusieurs avions et hélicoptères de l'armée française avaient été abattus, ce qui attestait du niveau élevé de l'arsenal fourni par des puissances étrangères.

À ceci, il convient d'ajouter le front flou à l'arrière, constitué d'embuscades et autres actes de sabotage.

Faute de crédits, rationné d'argent frais par la **BCE**[10], l'Etat peinait à se financer, ce qui retentissait sur ses capacités à combattre. De plus, une grande partie des forces vives du pays avaient quitté la France. La plupart des binationaux avaient aussi préféré cette option. Ne demeurait dans l'hexagone, que ceux ayant choisi de faire leur vie ici.

Tel était l'état de la France, son destin, constatait Laurence. Une situation de Barbarie qu'elle et les autres Résistants avaient parfaitement vu venir. Mais entre prévoir et voir, il y a une différence. Entre prédire et vivre, il y a un gouffre. La solidarité fonctionnait pourtant. Les réseaux constitués en amont étaient bien utiles. Cette fraternité dans l'épreuve revivifiait un Peuple précédemment atomisé par l'individualisme.
"A quelque chose malheur est bon" dit le proverbe. Pour le moment, on sentait bien l'adversité, restait à voir l'espoir du bonifié grandir. Pascal y travaillait ardemment depuis son engagement dans la politique et dans la milice constituée par Corinne. Elle avait bien du courage Corinne, car malgré les séquelles de son accident survenu près du pont de l'Alma à Paris, dont elle avait miraculeusement réchappé, elle donnait toute son âme et son énergie pour qu'un monde civilisé puisse ressurgir.

Toutefois, Laurence demeurait dans l'embarras. De la situation, certes, mais elle s'y attendait. Non, ce n'était pas que cela, pas principalement cela même la source de sa confusion. Elle n'était pas satisfaite des réponses prodiguées par les médias résistants les plus lucides à ses yeux. Maintenant, compte tenu de l'état dans lequel se trouvait le pays, il lui fallait une réponse claire et nette : Qui était l'organisateur de toute cette Barbarie ?

---

[10] Banque Centrale Européenne.

Qui, quel groupe, tirait les ficelles de ces crises, de ce chaos ?

Parce que l'identifier, c'était pouvoir l'attaquer et avec de la chance réussir à le détruire, tout du moins à le mettre hors d'état de nuire.

Ulysse 34, lui il devait savoir. Elle avait été très impressionnée par son discours lors d'une réunion organisée par Alphonsine. Il fallait qu'elle sache. Alors elle avait contacté Alphonsine pour avoir les coordonnées d'*Ulysse 34*.

Elle ne lui avait pas fourni ce renseignement tout de suite. Il avait fallu la prier, lui expliquer. Malgré cela, Alphonsine avait différé sa réponse. Elle se justifia par la confidentialité promise à *Ulysse 34*, qu'il était très sollicité et aussi que son engagement rendait cette information sensible.

Finalement, quelques jours plus tard, Alphonsine lui avait communiqué une adresse de courriel : *xibreyabrefre-9715@Proton.me*. Adresse où elle pourrait contacter Momo, l'assistant d'*Ulysse 34*. Elle devra également utiliser l'adresse *xottifiseivi-2893@Proton.me* pour envoyer et lire les courriels.

Laurence composa soigneusement son message, qui devait être incitatif tout en demeurant court pour maximiser ses chances de rencontre avec *Ulysse 34* :

Bonjour Momo,

Je me permets de vous contacter car j'ai été très touchée par la conférence qu'a donnée Ulysse 34 à Ermeville-sur-Conon. Déjà éveillée, son discours a été pour moi comme un second éveil. Celui à la vraie réalité que tous nous cachent.

C'est pourquoi je désirerais le rencontrer pour lui faire part de ma décision de me mettre à la disposition de notre cause. Je ferais alors tout mon possible pour être de ceux qui seront sauvés de l'apocalypse.

Seriez-vous en mesure de rendre une telle rencontre possible ? C'est dans cet espoir que je vous écris aujourd'hui.

Bien solidairement.

Laurence Pinson.

Momo lui répondit ceci :
Bonjour Laurence,

Je suis enchanté par votre enthousiasme et votre volontarisme : C'est de gens comme vous dont nous avons besoin pour mener à bien notre combat.

Ulysse 34 est extrêmement sollicité car il reçoit des dizaines de mails chaque jour lui demandant des rencontres, des interviews, des tournages, des interventions, des conseils, des articles à lire, des vidéos à regarder, etc. Il ne peut donc répondre à toutes les demandes qui lui sont faites. Il le regrette vivement, mais il ne peut faire autrement.

Toutefois, compte tenu de votre engagement à la fois fort et putatif, il m'a mandaté pour vous faire part qu'une rencontre directe et privée avec lui est possible, mais sous certaines conditions, notamment pour des raisons de sécurité et de sensibilité des informations dont il dispose.

C'est pourquoi, dans l'éventualité où vous seriez sélectionnée pour faire partie du Cercle N°1, je vous prie de vouloir me donner votre accord de principe sur les points suivants :

- *Utilisation exclusive de l'adresse sécurisée sur ProtonMail telle que spécifiée par ailleurs.*

- *Fourniture d'un engagement manuscrit daté et signé de confidentialité absolue sur tout ce qui concerne nos communications (vous trouverez un modèle en pièce jointe).*

- *Cotisation d'adhésion au Cercle N°1 d'un montant de deux mille cinq cents euros (à régler en liquide pour des raisons évidentes de non-traçabilité).*

- *Une caution de confiance d'une valeur minimale de quinze mille euros en gage de votre bonne foi. Elle vous sera restituée au bout d'un an en tant que membre (toutes formes de valeurs sont acceptées tels les espèces, bijoux, pièces en or, objets d'art, etc.).*

Merci de me faire part de votre réponse d'ici la fin de la semaine afin d'organiser un rendez-vous avant le déplacement à l'étranger d'Ulysse 34 programmé pour la semaine suivante.

Sincères salutations.

Momo

Lorsqu'elle reçut ce courriel, Laurence sauta de joie. Enfin, elle allait approcher quelqu'un connaissant le dessous des cartes. Les conditions étaient un peu draconiennes, mais bon, ils avaient raison. Les précautions les plus drastiques devaient être prises pour s'assurer de la qualité des membres du **Cercle N°1**. Ce ne pouvait pas être en accès libre.

Elle devrait puiser sur son livret A. Heureusement Pascal gagnait convenablement sa vie. Elle pourrait prendre sur le compte familial si nécessaire. Avec les quelques Louis d'or dont elle avait hérité, ses bijoux et les 4 bronzes cela devrait faire l'affaire. De toute façon, c'était provisoire, puisqu'ils restitueraient la caution dans un an. Le plus compliqué, ce sera d'expliquer l'absence des bronzes à Pascal. Elle considéra pouvoir trouver une explication en temps utile.

Elle répondit à Momo qu'elle était d'accord bien sûr et transmit son engagement de confidentialité. Elle le vivait comme une aventure, cela l'excitait beaucoup.

Momo lui adressa le message suivant :
Bonjour Laurence,

Ta candidature est désormais validée pour le niveau Aspirante au Cercle N°1.

Tu dois maintenant savoir que l'Entité derrière les événements vient de très loin et de très haut. Ses membres ne sont pas de notre monde. Ils ont un mandat Divin.

Tu as rendez-vous lors de la prochaine nouvelle lune à 1 h 30 du matin au point kilométrique 8,25 de la route entre Comertry et Romile-l'archevêque. A cet endroit, tu emprunteras le chemin sur la droite, le suivras sur une centaine de mètres pour atteindre l'endroit où tu me retrouveras.

Compte tenu de la nature des membres de l'Entité, tu comprendras qu'il ne faut surtout pas avoir de téléphone portable (même éteint) sinon ils vont évidemment le détecter, se fâcher et annuler la rencontre. Tu devras porter une combinaison blanche jetable, c'est la tenue exigée pour éviter les contaminations.

Bien entendu, tu amèneras ta cotisation et la caution avec toi.

Salutations fraternelles, Aspirante Laurence.

Momo

La nuit de la nouvelle lune suivante, Laurence se rendit au point de rendez-vous. Impressionnée, elle avait pris un petit remontant pour se donner le courage de s'engager dans cette rencontre tant espérée. En arrivant, outre une voiture garée là, celle de Momo sans doute, elle remarqua des lumières clignotantes et tournantes quelques centaines de mètres plus loin.

Momo descendit de sa voiture et s'approcha en souriant. Il monta à côté d'elle. Lui aussi portait une combinaison blanche.

— *Bonsoir Aspirante Laurence.*

— *Bonsoir.*

— *Tu vois ces lumières là-bas. Ils nous attendent. Ils sont venus spécialement pour toi, tu sais.*

Laurence ne savait que dire. Elle était subjuguée. Momo poursuivit :

— *As-tu bien amené ce qui était convenu ?*

— *Oui, oui.*

Elle ouvrir un sac de sport, faisant voir plusieurs liasses de billets et des bijoux.

— *J'ai aussi des bronzes dans le coffre. Tu veux voir ?*

— *Pas la peine, je te fais confiance. Tu n'as pas de téléphone portable, rassure-moi ?*

— *Non, bien sûr. J'ai suivi les consignes à la lettre.*

Finalement, cette question la surprit un peu, car si elle en avait eu un, les extra-terrestres auraient déjà dû le détecter et annuler le rendez-vous.

Durant qu'elle s'interrogeait, Momo sortit une dague de sa poche et lui planta dans le cou, perforant ainsi les artères carotides de Laurence.

Il la maintint jusqu'à ce qu'elle se soit vidée de son sang. Puis il prit le sac de sport et les bronze dans le coffre. Déposa le tout dans sa voiture. Momo mit en marche pour aller récupérer les luminaires disposés plus loin dans le bois. Revint jusqu'à la voiture de Laurence, la dépassa, s'arrêta un peu plus loin, sortit un bidon de son coffre qu'il renversa sur la femme sans vie, il enleva sa combinaison et la jeta dans la voiture à laquelle il mit le feu.

Lorsque Momo fut à une cinquantaine de kilomètres du lieu de rendez-vous, il posta le commentaire "Trop top ton live. Bingo" sur la page de l'émission d'*Ulysse 34* intitulée "***Tuer pour 10 000 € : La Barbarie totale***".

19 – Diner au palais

En voyant ses deux enfants et sa compagne arriver et prendre place autour de la table du dîner, Élias Tréboua songeait au chemin parcouru depuis le début de la **Métamorphose**, il avait maintenant tout juste un an. Il était là. Assis à la place d'honneur dans une des salles à manger du palais présidentiel. Autrefois présidentiel, car désormais son titre officiel était **Délégué Général du Peuple**.

Tous ces événements : Le renversement du pouvoir autoritaire et son remplacement par la démocratie directe ; la guerre civile suscitée par des puissances étrangères et relayée dans le pays par ceux acquis au modèle libéral libertaire ; la mise en danger du changement et le sursaut qu'il avait réussi à déclencher avec ses compagnons du **Bloc Populaire**. Et maintenant, la mise en place de la nouvelle Constitution, celle de la **Quatrième Voie**, avec les élections qui s'en était suivi. Élections qui l'avaient conduit à occuper cette place à cette table ce soir. Une place qu'il n'avait pas vraiment cherché à prendre, une situation dans laquelle les événements l'avaient amené, plutôt que le fruit d'une volonté délibérée. Parce qu'il le savait bien, désormais le vrai travail et les vraies difficultés commençaient. Son modèle de société, cette **Quatrième Voie**, à laquelle Leila et lui avaient tant travaillé, était-elle viable ?

— *Bonsoir papa*, dirent ensemble Inès et Rayan.
— *Bonsoir mes petits, bonsoir mon cœur* répondit Élias en embrassant Leila qui arrivait.

Alors comment s'est passé ton périple tout autour de la Magésie ? l'interrogea-t-il.

— *Je suis épuisée* souffla Leila. *Cela va me faire du bien de me poser un peu pour quelque temps ici, avec vous. Tu imagines comment cela se passe. Tous veulent te parler, te dévoiler leur idée géniale ou être pris en photo avec toi. Sans compter les sollicitations plus ou moins amicales des autres partis.*

Bon, je ne vais pas les décevoir, j'aime ce peuple et il le sent. Pour beaucoup, je suis un peu leur icône. Une femme du peuple comme elles, comme eux. C'est comme-si à travers moi, elles prenaient une revanche sur la condition qui leur a été faite jusqu'ici. Je n'ai pas le droit de les décevoir. Pas le droit d'être médiocre.

Alors au diable la fatigue.

— *Je te retrouve bien là* la conforta Élias. *Il suffit qu'un peu de lassitude te gagne, pour qu'aussitôt, tu remettes du charbon dans la chaudière. C'est pour cela que je t'aime.*

N'en fais pas trop tout de même. Il faut savoir aussi ménager sa santé.

— *Tu as raison mon chéri. Je suis plus utile vivante que morte. Je ne voudrais pas suivre la destinée d'Eva Perón[11].*

Élias lui sourit du fond du cœur, car il ne pouvait s'empêcher de rapprocher sa femme de la grande **Evita**, pour laquelle tous deux vouaient de l'admiration. Lui ne s'identifiait pas à Juan Perón. Il le prolongeait plutôt. Il avait repris l'ouvrage de celui-ci et de plusieurs autres là où ils l'avaient mené. Mais à leur différence, il avait tiré toutes les conclusions du nouveau modèle de société à

---

[11] Eva Perón, femme très militante du président de l'Argentine Juan Perón alors en exercice, est morte d'un cancer en 1952 à l'âge de trente-trois ans.

construire, celui d'une **Quatrième Voie**, et tout particulièrement en éliminant à la fois la grande richesse et en supprimant l'indigence. Il avait en effet identifié ces deux extrêmes comme des ennemis mortels du changement de système.

Le repas se déroulait dans la bonne humeur et la convivialité, ce qui amena la jeune Inès à oser poser cette question :

— Maman, pourquoi te donnes-tu tant de mal en faisant cette tournée dans tout le pays ? Est-ce vraiment nécessaire ? Au fond, le Référendum sur la baisse générale des charges patronales ne remet pas en cause la Quatrième Voie. Alors pourquoi un tel engagement de ta part maman ?

Papa ?

— Tu vois ma chérie, il y a non seulement tout ce que je dois au peuple comme je viens de le dire, mais aussi... J'avoue aimer aller à son contact, à sa rencontre. C'est un peu un bain de jouvence pour moi.

— Ah ! Tu le fais pour te faire plaisir...

Leila la regarda pleine de bienveillance en dépit de la remarque un peu piquante de l'adolescente. Elle n'en dit pas plus, sûre que sa fille saurait comprendre d'elle-même que l'amour fait plus que s'additionner : Il se multiplie.

Le caractère cartésien d'Élias le poussa à répondre de manière précise à sa fille.

— Ce Référendum sur la baisse générale des charges patronales est le premier grand test pour la nouvelle Constitution. C'est pourquoi il revêt une si grande importance.

Tu sais qu'en tant que garant de l'unité de la Nation, je ne peux pas prendre parti de manière très marquée pour une option ou une autre.

— J'avoue que j'ai un peu de mal à comprendre tout cela. L'enchaînement des événements qui a conduit à ce Référendum. L'Assemblée Nationale n'est-elle pas la décideuse au final ?

— Vois-tu, notre nouvelle Constitution comporte trois chambres : L'Assemblée Nationale que tu évoques, dont émane le Gouvernement. Ce sont effectivement ces deux institutions qui gouvernent le pays au quotidien. Mais il y a aussi la toute nouvelle Chambre des Forces Productives qui, elle, gère les grandes entreprises et supervise toute l'activité productive de notre pays. Cette chambre peut proposer des lois dans les domaines de ses compétences.

Enfin, il y a une troisième assemblée : La Chambre Constitutionnelle, qui a la charge de contrôler le fonctionnement de toutes les institutions de notre Nation.

— D'accord il y a trois chambres, je le sais bien, mais cela ne répond pas à ma question. Qui décide au final ici si ce n'est ni le Gouvernement ni l'Assemblée Nationale ?

— Le Peuple. C'est lui qui tranche. Parce que c'est lui le souverain.

— Alors là, tu m'as perdue.

— Tu vas comprendre, c'est assez simple en vérité. En temps ordinaire, c'est effectivement le Gouvernement en accord avec l'Assemblée Nationale qui dirige le pays. Mais parfois, il peut arriver que la Chambre des Forces Productives propose une loi avec laquelle l'Assemblée Nationale n'est pas d'accord.

— Ça y est, je commence à comprendre ! Et dans ce cas, on sollicite le Peuple par Référendum afin qu'il tranche le litige. C'est cela ?

— Oui exactement.

— Oui. C'est bien, comme cela, c'est toujours le Peuple le décideur suprême.

— Tout à fait.

— C'est génial ! Et c'est toi, papa, qui a inventé ce mécanisme ?

— Oh, tu sais, Inès, je n'étais pas tout seul, ta mère et plusieurs autres y ont contribué aussi. C'est le résultat d'un long travail collectif.

Leila observait sa fille commencer à s'éveiller à la chose politique, à devenir Citoyenne. Cela lui faisait chaud au cœur. Elle avait tant vu de jeunes s'enfermer dans des activités solitaires. Voire même dériver dans les addictions à la drogue, aux jeux ou dans la boulimie de "junk food".

— Pourtant, vois-tu, ma chère jeune fille, poursuivit Élias, *tout cela ne serait que des vœux pieux, rédigés sur du papier si la Chambre Constitutionnelle ne disposait pas des pouvoirs les plus importants, dans tous les domaines. Et en particulier de se saisir de ces situations de conflit entre institutions pour organiser un Référendum.*

Leila enchaîna :

— Dans le cas présent Inès, pour que tu comprennes concrètement ce qui se passe, je vais t'expliquer le contexte.

La Chambre des Forces Productives est dominée par le Rassemblement pour le Projet Magésien, le RPM, le parti qui pour l'essentiel représente les petits artisans, commerçants et plus généralement les patrons des petites et moyennes entreprises. C'est eux qui poussent pour mettre en place la baisse générale des charges patronales.

Tu le sais bien, notre parti à nous, le Bloc Populaire, est majoritaire à l'Assemblée Nationale. Nous ne sommes pas opposés sur le fond à cette réforme, mais le RPM veut une baisse de trente pour cent des charges patronales, ce qui impliquerait une augmentation des taxes de dix à trente-cinq pour cent selon les produits. C'est beaucoup trop.

Le Parti Communiste Magésien, lui, ne veut pas entendre parler de cette réforme et souhaite que le système demeure inchangé.

L'Assemblée Nationale est donc opposée à cette baisse générale des charges patronales telle que la propose la Chambre des Forces Productives.

Constatant le blocage, la Chambre Constitutionnelle s'est saisie de la question et a décidé conformément à la Constitution d'organiser un Référendum.

— C'est tout à fait clair maintenant. Heu, attends, juste un dernier point à éclaircir : Quelle est la question posée au Peuple ?

— Alors de mémoire, la question posée est formulée ainsi :

"Quelles sont les options que vous approuvez pour réformer le système de cotisation des charges sociales patronales :

*□ **A-Système inchangé.***

*□ **B-Baisse de 10% des charges sociales patronales et augmentation de taxes de 0 à 15%.***

*□ **C-Baisse de 20% des charges sociales patronales et augmentation de taxes de 5 à 25%.***

*□ **D-Baisse de 30% des charges sociales patronales et augmentation de taxes de 10 à 35%."***

C'est pour cela que je viens de faire une tournée dans le pays. Parce que le Bloc Populaire est favorable à l'option B. Cela donnerait des marges de manœuvre aux petites entreprises sans déstabiliser le pouvoir d'achat de la population. C'est le premier test grandeur nature de la viabilité de notre Constitution. On change le système, oui, mais on ne veut pas pour autant tout casser.

La discussion roula sur le Référendum, les prises de positions de tel ou tel parti ou personnalité. Le pauvre Rayan, le frère cadet d'Inès, était un peu perdus dans cette discussion d'adulte. Il avait demandé à sortir de table dès son dessert englouti. Ce qui lui fut accordé de bonne grâce. À ce moment, Inès demanda :

— *Mais toi papa, quel rôle joues-tu dans tout cela ?*

— *Aucun, ma chère enfant. Je suis juste le garant de l'unité de la Nation. Je n'ai pas à me mêler de ces sujets. J'ai suffisamment œuvré au moment de l'Etat d'Urgence. Désormais, nous en sommes sortis depuis le mois de juin, conformément au mandat que le Peuple nous avait donné en mars par Référendum.*

— *Oui, je me souviens. Donc toi tu ne fais plus rien à vrai dire maintenant.*

— *Enfin... Presque rien,* sourit Élias. Il y avait tant à dire. Il aurait pu par exemple lui parler de la redistribution des parts entre cadres et salariés consécutive à l'éclatement de certaines grandes entreprises. Il préféra ne pas embrouiller les esprits de l'adolescente.

Aussi, il opta plutôt pour un élargissement du champ de la discussion, afin que sa fille mesure la profondeur de la **Métamorphose**, qu'elle acquière de la hauteur de vue.

Dans cette optique, Élias reprit ainsi :

— *Les classes sociales agissent en fonction de leurs intérêts. Dans les modèles antérieurs à la Quatrième Voie, il y avait toujours une et une seule classe dominante. La classe des plus fortunés dans le système capitaliste, les plus forts militairement dans le système aristocratique par exemple. Même dans les systèmes socialo-communistes et fascistes, il y avait, au moins en théorie, une seule classe dominante : Le prolétariat ouvrier pour les premiers, la petite bourgeoisie pour les seconds.*

Tu me suis ?

Inès hocha la tête en signe d'approbation, sans mot dire dans l'attente de la suite du raisonnement de son père.

— Ce qui distingue la Quatrième Voie, c'est qu'elle ne repose pas sur une seule classe dominante, mais sur deux classes qui tantôt coopèrent et tantôt s'opposent ; car elles ont des intérêts tantôt convergents, tantôt divergents. Ces deux classes, ce sont la petite et moyenne bourgeoisie d'une part et le salariat de l'autre côté. Le présent Référendum est la manifestation concrète de ces oppositions d'intérêts. Il ne s'agit donc pas, tu le constates, d'une quelconque collaboration de classes. Celle-ci est impossible, car elle nie justement ces conflits d'intérêts. D'ailleurs, l'histoire l'a montré à de multiples reprises : La collaboration de classes ne marche pas sur le long terme.

Leila connaissait ce discours par cœur, mais pour Inès, c'était sinon nouveau, du moins plus clair dans son esprit. Les pièces du puzzle élaboré par ses parents, elle les voyait bien à force de les entendre en parler, toutefois la vue d'ensemble demeurait floue jusqu'à ce soir.

La compréhension nouvelle de la jeune fille se traduisait par une lumière dans ses yeux. Un éclat reflétant son intelligence, combiné à une lueur d'admiration pour son père.

Élias prolongea encore :

— En fait, si l'on prend du recul, c'est assez similaire à ce qui se passe à l'échelle internationale. C'est-à-dire à l'émergence d'un monde multipolaire, donc à la fin du monde unipolaire dominé par une seule grande puissance. Plusieurs pôles émergent, coopèrent

ou s'affrontent sur différents terrains en fonction des intérêts des pays. Alors qu'auparavant, le monde capitaliste, impérialiste, était caractérisé par la domination d'un seul pays : l'Angleterre hier, les USA aujourd'hui. Ce monde touche à sa fin.

La Quatrième Voie, c'est en fait ce même modèle dirigé par les intérêts et fait d'accords et d'antagonismes, car aucun ne peut dominer tous les autres. La différence, c'est que dans un cas elle se développe à l'intérieur des frontières d'un pays, notre Magésie en l'occurrence ; et dans l'autre elle se déploie entre pôles, entre pays.

Inès buvait ses paroles. Elle était impressionnée par cette explication cohérente de l'histoire qui se déroulait sous ses yeux. Elle était heureuse de vivre cela. Une période à la fois d'une dangerosité sans précédent, tout en étant porteuse d'un Espoir incroyable.

Pourtant, son regard neuf lui fit immédiatement entrevoir une faille dans ce raisonnement.

— C'est très convaincant comme modèle et comme explication du monde. Bravo papa.

— Souviens-toi, je ne suis pas le seul à avoir travaillé dessus. Il y a aussi ta mère, ne l'oublie pas.

Inès poursuivit sans ambages.

— Les intérêts des uns et des autres, je les vois bien, mais comment coopérer durablement si l'on ne partage pas un minimum de valeurs communes ?

— Oui. Tu n'as pas tort. Au sein d'un pays, ces valeurs tiennent au fait que nous faisons Nation, que nous sommes un même Peuple. Que nous partageons également le principe de la Démocratie.

Entre pays, cela se matérialise par la déclaration universelle des droits de l'homme de 1948 de l'ONU[12].

---

[12] Organisation des Nations Unies.

— *Certes. C'est bien. Mais j'ai comme l'impression que c'est insuffisant. Que cela manque de hauteur. Tu ne crois pas ?*

Élias ne pouvait qu'acquiescer à l'objection élevée par sa fille. Cette déclaration de 1948 n'avait pas empêché les guerres et autres turpitudes des dernières décennies.

Il finit par répondre :

— *Ta remarque témoigne qu'il nous reste du travail à accomplir.*

20 – Le But c'est la Vie

Un an était passé depuis la double disparition de Laurence et de Bastien. Chacun à leur manière, ils avaient été victimes de la Barbarie désormais devenue de mise en France. La République et l'État existaient toujours, pourtant leurs périmètres respectifs dans la réalité s'étaient réduits à la manière d'une *"peau de chagrin"*.

C'était bien là le sort de la France. Celle du roman de Balzac[13], avoir vendu son âme pour satisfaire un désir de puissance, s'être soumise à l'empire américain pour succomber un peu plus longtemps à l'illusion du bien-être.

Certes, Marseille avait été reprise, mais en surface seulement. Même cela était une façon de parler, compte tenu de l'étendue immense des destructions. Aucun jour, aucune nuit ne s'achevait sans son lot de meurtres à l'arme blanche ou d'attentats à l'explosif. La sécession n'était qu'une question de temps. Pour la Corse, la Nouvelle-Calédonie et Tahiti, c'était fait. Elles avaient largué les amarres les liant à la France. Déjà d'autres, Basques, Bretons, Savoyards et autres Catalans s'agitaient pour eux aussi suivre le chemin vers la sortie. Même en Alsace, et en Lorraine aussi, des groupes s'activaient de plus en plus ouvertement pour être rattachés à l'Allemagne.

---

[13] **La Peau de chagrin** est un roman d'Honoré de Balzac.

La France était rongée par le bas.

Soumis par la dette, comme un vulgaire ménage vivant au-dessus de ses moyens, notre pays avait perdu sa souveraineté financière et monétaire. C'était désormais le FMI et plus généralement la Troïka[14] qui dictait la politique économique à suivre.

Soumis par l'idéologie, la corruption financière et la perversion des esprits, la politique de la France n'était plus qu'un fantôme. Un spectre tant les actions que les gouvernements pouvaient entreprendre consistaient en une mise en forme, en une communication médiatique à destination du "bas peuple", de décisions prisent par les instances d'une UE américanisée.

Le poisson France pourrissait par la tête.

Existait-il encore un Peuple Français ? De moins en moins. Qui veut être passager d'un bateau qui coule ? Qui dévalorise sa culture ? Qui renie son passé et son histoire ? Qui salit les femmes et les hommes qui l'ont fait ? Qui valorise les plaisirs éphémères et autres distractions des saltimbanques au détriment de la valorisation de l'application, de l'effort, de la vertu et du travail ?

Qui souhaiterait être membre d'un Peuple dont les dirigeants le méprisent ouvertement ?

Oui, il y avait bien une partie du Peuple Français qui, contre vents et marées, contre la doxa médiatique et sa pensée unique, luttait pour sauver la Nation. Pour eux, les Résistants, l'avenir ne pouvait pas s'imaginer sans la France.

---

[14] La troïka désigne les experts représentant la Commission Européenne (CE), la Banque Centrale Européenne (BCE) et le Fonds Monétaire International (FMI).

Malheureusement, malgré le déferlement de Barbaries sur le pays, personne ne parvenait à les rassembler. Des réseaux de solidarité existaient bien, parfois dotés d'une monnaie locale. Des milices d'auto-défense également. Des cercles politiques et de réflexion s'activaient aussi. Cela fonctionnait bien. Pourtant, tous demeuraient isolés : Soit sur un territoire géographique, soit sur un îlot idéologique ou spirituel. Toutes les tentatives d'union, ou même simplement de rassemblement avaient échoué.

Plus de politique. Plus d'idéologie. Plus de religion, ni même de spiritualité partagée. Plus de République. Plus de dirigeant. Plus d'organisation. Tels étaient les mantras les plus souvent entendus.

Existe-t-il encore un Peuple Français ? Tous se réclament du collectif, mais aucun n'est prêt à céder une part de son individualisme. Ce poison instillé dans la société par le *Libéralisme-Libertaire*. Chez tous, et pire, peut-être plus encore dans les esprits de la jeunesse malléable.

À ces trois maux rongeant la Nation de l'extérieur et de l'intérieur, aucun bon remède n'avait été jusqu'ici administré au pays souffrant. Sans un traitement rapide englobant l'ensemble de ces maladies, l'extinction de l'énergie vitale de la France était inéluctable.

Pascal avait bien essayé de faire de la politique, de s'engager concrètement. Il était plein d'énergie après sa découverte grâce à Aurélie de ce qui se passait en Magésie, de l'Espoir de s'en sortir que constituait la *Quatrième Voie*. Mais il avait rapidement rencontré plusieurs difficultés. Il souhaitait rejoindre un groupe ou un parti, toutefois aucun ne lui apparaissait en adéquation avec ce qu'il venait de découvrir.

Les partis étaient pour les plus gros, d'une part, quasiment intégrés au système en cours d'effondrement, et d'autre part, incapables de proposer une véritable vision adaptée à la situation contemporaine, à l'ampleur d'une crise de civilisation. Ils se contentaient de recycler les vieilles recettes ayant échoué au XXe siècle.

Les plus petits partis ne différaient guère en vérité. Ils étaient centrés souvent autour de l'idée de souveraineté nationale. Ils n'avaient pas tort, mais cela était-il suffisant pour régler des problèmes comme ceux de l'éducation, de l'instruction ou de la société de consommation et du spectacle ? Poser la question, c'est y répondre. D'ailleurs, il avait noté que bon nombre de ces partis étaient dirigés par des membres de la communauté LGBT et/ou des "Young Leaders"[15] : Était-il raisonnable de compter sur eux pour changer un système ayant participé à les propulser là où ils se trouvaient ?

Restait les groupuscules souvent fondés par une personnalité marquante. Cela faisant déjà deux inconvénients. Pascal participa à pas mal de visioconférences pour discuter avec ceux développant des idées les plus proches des siennes, mais aussi pour estimer si l'un de ces groupes avait une chance de décoller. Ils se nommaient *1P6R*, *ADP*, *Concorde 17.11*, *Coordination Citoyenne*, *CSP*, *MCP* ou encore *PDSIDP*. Même si certains correspondaient bien à sa vision, Pascal n'en voyait aucun en mesure de renverser la table. Tout du moins dans l'état actuel des choses.

La dernière difficulté, et sans doute la plus importante, était la mort Barbare de Laurence. Cela le motivait et le décourageait à la fois. Celle de Bastien aussi, même si il ne le connaissait guère. Tous ces

---

[15] https://french-american.org/programmes/young-leaders

événements signifiaient la fin de quelque chose. Peut-être, aussi horrible que cela puisse être à penser, une part de destruction nécessaire à l'émergence d'autre chose. À la construction, à la reconstruction d'une civilisation fondée sur d'autres principes. Ces principes humanistes lui tenant tant à cœur désormais qu'il connaissait Simone Weil[16]. Le vrai humanisme, avec l'Homme tel qu'il est, c'est-à-dire un Homme ne se prenant pas pour tout puissant, tels des Titans, voire pour Dieu. Un Homme réconcilié avec son caractère double, fait de nature et d'artifices, d'inné et d'acquis, de personnes et de collectivités, de femmes et d'hommes. Fait de toutes ces dualités si chères aux adeptes du **Tao Spirituel** que Pascal avait pris le temps de découvrir, fait de Yin et de Yang.

La mort de Laurence avait été un choc. Même si ils s'étaient doucement éloignés sur la dernière période, elle demeurait la mère de ses trois enfants. Celle avec laquelle il avait passé ses plus belles années.

Heureusement, Aurélie était entrée dans sa vie. Le destin avait voulu qu'elle aussi soit percutée par la Barbarie de l'assassinat de son compagnon Bastien.

C'était curieux cette coïncidence. Ces coïncidences. Mais en était-ce vraiment au fond ?

Ceux du **Tao Spirituel** diraient sans doute que non, puisque pour eux tout s'inscrit dans la "Voie", le délétère balisant le fait de s'en écarter.

~

Aurélie finissait de charger la camionnette avec les affaires des enfants ne trouvant pas de place dans la

---

[16] La philosophe évoquée au chapitre 10, née en 1909 et morte en 1943.

voiture. Pascal vérifiait une dernière fois que les robinets, les portes et les fenêtres étaient bien tous fermés. Les quatre enfants s'étaient déjà répartis dans les deux véhicules. Timéo dans la camionnette, Anton, Léo et Mona dans la voiture. La question restait de savoir lequel des deux garçons occuperait la place de devant.

Aurélie trancha :

— *Tout le monde derrière.*

— *Mais j'ai presque dix ans maintenant, j'ai le droit d'être à l'avant.*

Pascal arrivait dans l'entrefaite :

— *On t'a dit quoi Léo ? Derrière.*

— *Mais.*

Le signe du doigt d'Aurélie et le regard de Pascal firent que l'enfant s'exécuta sans discuter plus.

Depuis qu'Aurélie et Anton avaient emménagé dans la maison de Pascal, ils en avaient convenu ensemble : Face aux enfants, ils étaient toujours d'accord. Si l'un ou l'autre ne l'était pas, ils en discuteraient tous les deux après en tête à tête (ce qui arrivait rarement en vérité).

L'incident clos, tous se réjouirent une dernière fois ensemble avant de monter dans les véhicules. Ils partaient en vacances en Magésie.

Ils allaient au soleil. Les enfants de Pascal allaient retrouver tonton Karim et surtout tata Alexandra qui les avait gardés ces dernières années. Le couple allait découvrir en vraie grandeur la réalité de cette **Métamorphose** de la Magésie. Voir ce changement de vie auquel ils aspiraient désormais tous deux. Un renouveau dont de plus en plus de personnes parlaient jusqu'ici en France en dépit de la propagande médiatique.

Ce départ en vacances soudait la famille qui venait de se recomposer. Pour les enfants, c'était une aventure.

Pour leurs parents aussi d'ailleurs. Près de trois jours de route, ce n'est pas rien. L'avion avait vite été oublié, puisque les sanctions de la France contre le pays de la **Métamorphose** étaient toujours d'actualité. Pas d'avion. Pas de vol.

D'ailleurs, cela tombait bien en vérité. Ils emmenaient ainsi tout le monde dans deux véhicules, et en plus, ils transporteraient des marchandises en Magésie. Alexandra en avait dressé une liste, car l'embargo décrété par les USA et ses vassaux touchait certains biens ne pouvant pas être fabriqués sur place.

C'est pourquoi la camionnette était bien pleine. Ils se lançaient dans l'export-import en quelques sortent riaient-ils tous ensemble ! Bien entendu, ils devaient demeurer discrets sur leur destination finale pour éviter les ennuis.

La nouvelle petite famille ramènerait aussi des trucs de là-bas au retour. Et qui sait, le siège avant de la voiture ne serait sans doute plus l'objet de dispute. En effet, à en juger par l'arrondissement du ventre de la jeune femme, celui-ci serait occupé par le siège auto de Noa. Mais ça, c'est une autre histoire[17], pour l'heure :

— *En route vers la Magésie !* crièrent-ils tous en cœur.

Avant de monter dans leurs véhicules, Aurélie prit la main de Pascal, ils se regardèrent, puis tout en s'embrassant longuement, ils pensèrent simultanément :

— *Le But c'est la Vie.*

---

[17] Que nous vous raconterons peut-être…

Biographie de l'auteur

Luc Laforets se préoccupe de l'évolution de la société française. De la perte de repères communs, de la dégradation de l'environnement, de l'endiguement sans cesse plus grand des libertés.

C'est pourquoi **il fonde en 2020 l'initiative "Une Perspective – la Sixième République"** (1P6R) afin de réorienter la démocratie pour échapper à la Barbarie et ouvrir un avenir bonifié. Sa **candidature à l'élection Présidentielle de 2022** étant le moyen de concrétiser cette ambition.

L'écho de cette proposition d'une Constitution prête à l'emploi ayant été insuffisant, en dépit de sa capacité unique à vaincre l'oligarchie, il travaille depuis à **faire émerger une quatrième voie** à l'échelle internationale.

Consultant indépendant, Luc Laforets a commencé sa carrière comme ouvrier électromécanicien dans une papeterie (usine de Saint-Étienne-du-Rouvray) après avoir écourté ses études faute d'argent. Il l'a poursuivie notamment comme technicien de maintenance aéronautique dans une grande compagnie aérienne française.

Reprenant ses études en 1995, il obtient un diplôme d'**ingénieur CNAM informatique** en 1999 avec mention très bien. Fondateur de la start-up e-Companion Software, après le succès technique mais pas commercial du progiciel Pollen, il s'oriente vers le conseil en architecture logicielle. Depuis lors, **il a conseillé les plus grandes organisations privées et publiques** dans des contextes tant nationaux qu'internationaux.